SECRETS OF PILATES

This edition published in the UK in 2017 by
Ivy Press

First published in 2001

Copyright © The Ivy Press Limited 2001, 2017

PICTURE ACKNOWLEDGMENTS

Getty/4x6: 14–15; BJI / Lane Oatey: 117; BLOOM image:
193; Milena Boniek: 181; Angela Coppola: 145; blwilliamsphoto:
67; Dominique Douieb: 197; Johnny Greig: 45; Image Source:
61, 189; PhotoAlto: 179; PhotoAlto/Frederic Cirou: 129;
PhotoAlto/Sandro Di Carlo Darsa: 89; I C Rapoport / Contributor:
13; John Slater: 47; Ben Welsh: 2; Westend61: 169. **iStock**/
andresr: 201; andresrimaging: 157; annebaek: 68; binabina:
31T; DenisovDmitry: 9, 218; Jim Jurica: 77; Stigur Karlsson: 33;
Neustockimages: 64, 219; skynesher: 71, 209. **Shutterstock**/
Guryanov Andrey: 97; Alexander Y: 213; Alexlukin: 204; carlo
dapino: 101; Dean Drobot: 8; Djurdjevic: 5; fizkes: 6T, 44, 66,
69, 125, 141, 205; Vladimir Gjorgiev: 137; glebTv: 85;
gosphotodesign: 28; Iasha: 161; Anna Jurkovska: 35; Karramba
Production: 143; Elena Kharichkina: 153; Elizabeta Lexa: 4, 224;
maradon 333: 212; Michael Pettigrew: 30T; mykeyruna: 29;
Nicolesa: 11; ra2studio: 12, 185; Summersky: 140; Syda
Productions: 65; Olena Yakobchuk: 165.

SECRETS OF PILATES

実践ピラーティス

著者
サリー・サール
Sally Searle

キャシー・ミューズ
Cathy Meeus

翻訳者
豊倉 省子

すべての人に有効

体の各部分をバランスよく使う
ピラーティス・エクササイズは、
すべての年代の人々に
よい効果をもたらしてくれます。

本書の使い方

本書は五つの章から構成されています。第一章ではジョーゼフ・ピラーティスの人となりを紹介し、ピラーティス・エクササイズの成り立ちについて、絵や写真を交えて解説します。そして、なぜピラーティスが年代を問わず効果があるのか、その理由を説明します。第二章は、エクササイズを始める前に、知っておく必要のある情報をすべて網羅しています。第三章は、基本的な事柄やおすすめのモデルメニューを紹介して、実際にエクササイズを行うにあたっての準備をします。第四章は、基本となるエクササイズについて、さらに詳しく写真などを交えながら解説し、ステップごとのガイドラインを示します。この章をマスターすれば、自信をもって、基本エクササイズを実践し、最終章で紹介する、さらに高度なエクササイズに取り組む準備ができるはずです。

注意事項

この本でご紹介する情報は、ピラーティスのレッスンを受けてみたいと考えている人にとって大変役に立つものですが、けっして資格のあるピラーティス・インストラクターの指導に代わるものではないことをご了承ください。望ましいのは、この本を参考にしながら、トレーニングを受けたプロの指導の下でエクササイズを行うことです。

ピラーティスの成り立ち

第一章では、
ピラーティスの原理を紹介します。

計画を立てる

わかりやすい表形式で、
毎日どのような
エクササイズをどれだけ
行えばいいかが、
すぐにわかります。

プログラム・プランナー　以下に紹介するエクササイズ・プログラムは、7日間で基礎的なエクササイズをバランスよく行うことができるようにデザインされています。

Day	グループ1	グループ2	グループ3	グループ4	グループ5	グループ6	グループ7
1							
2							
3							
4							
5							
6							
7							

エクササイズ

一つ一つの
エクササイズを詳しく、
順を追って
説明しながら、
そのエクササイズを
効果的に行う方法を
紹介します。

肩の筋肉をほぐす

アライメント

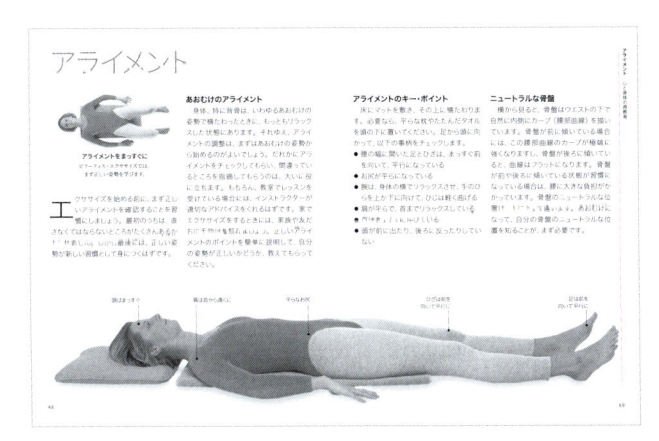

あおむけのアライメント

アライメントのキー・ポイント

ニュートラルな骨盤

分析

白黒のページでは、
それぞれの
エクササイズを分析し、
いかにしてエクササイズ・
プログラムから
最大限の効果を
引き出すかを
アドバイスします。

はじめに

心と体を一体に

ピラーティスのエクササイズは
心と体を一体にします。

もしあなたが、バランスのとれたアプローチで、体を引き締め、アライメントを整えて、姿勢と動きを改善したいと思っているなら、ぜひピラーティスをおすすめします。

心と体

　現代のフィットネス界では、これまで以上に心と体の密接なつながりが重要視される傾向にあります。つまり、肉体的なエクササイズが、体を健康でスリムにすると同時に、心までも健康にすると考えられるようになってきたのです。反対から言えば、これは効果的なリラクゼーションと瞑想のテクニックをマスターすることによって、ストレスやうつによってもたらされた肉体的なダメージを改善することができるということです。

　ジョーゼフ・ピラーティスの一連のエクササイズは、この心と体の結びつきに着目して、考案されました。ピラーティス・エクササイズの目的は、心の目を使って、自分の身体をより深く見つめ、理解し、心身ともに健康でいるために、体本来が持つ力を高めることです。ピラーティスでは、自分の体の動き方のパターンを心で知ることに重きを置いていますが、それはとりもなおさず、現代人の多くが失ってしまった洞察力を養うことです。これは、あえて言うなら、心に自分の体をコントロールさせるのではなく、心と体を一体にすることなのです。

　多くのエクササイズとピラーティスを隔てる違いの一つは、エクササイズを構成する動きが実に精密な意図のもとに考えだされたものだということです。ピラーティスのエクササイズを始めたばかりの人は、しばしば、こんなに小さな動きで、果たして、そんなに大きな効果を得られるのだろうかと首をかしげます。しかし、エクササイズを知るにしたがって、ピラーティスでは、動きの一つ一つが、目的となる部分に焦点を絞ってデザインされており、そのためにこれほどまでに大きな効果をもたらすのだと実

感するようになります。

自分探しの旅

　ピラーティスのエクササイズを始めるということは、体型を変えるだけでなく、おそらくは人生に対する考え方をも変えてしまう第一歩を踏み出すことだといえるでしょう。ピラーティスは、人によって、それぞれの限界と潜在能力が大きく違うことを認め、自分のペースでエクササイズに取り組むことをすすめています。自分の進歩の度合いは、時間や他の外的な要因を目安にするのではなく、どれだけ自信を持って、それぞれのエクササイズを行えるようになったかで判断できるはずです。この本はピラーティスを始めたばかりの人に、このエクササイズ・システムの原理を紹介することを目的としています。

インストラクターとレッスンを

自分ひとりでエクササイズをしても、大きな効果を得ることはできますが、やはりさらなる効果を得るためには、資格をもったインストラクターによる指導が必要です。理想的なのは、この本を、ピラーティスの教室に通い、エクササイズを生活の一部に取り入れるためのきっかけにしていただくことです。

ピラーティス システム

　ピラーティスは、体を自然なアライメントに戻し、ストレスなく動くことのできる、正しい姿勢や動きをあらためて体に覚えこませることを目的として、考案されました。このエクササイズにより、体を "中心" から鍛えることで、四肢をスムーズにストレスなく動かすために必要な、体の安定を獲得することができます。大事なのは、エクササイズを指示に従って、正確に、精神を集中させて行うことです。この最初の章では、ピラーティスの成り立ち、エクササイズの原理、そして皆さんが自分の体の動きや、エクササイズによって起こる身体の変化を理解するために役立つ解剖学の知識を紹介します。

ジョーゼフ・ピラーティス
——その人となりと功績

強くしなやかな体

ジョーゼフ・ピラーティスによって
考案されたエクササイズを実行すると、
強くしなやかな体を手に入れることができます。

ジョーゼフ・ピラーティスは1880年にドイツのデュッセルドルフで生まれました。子どもの頃、ぜんそくとくる病に悩まされたピラーティスは、その経験から、生涯を通して健康であることの大切さを知りました。固い意志を持って、努力を重ね、青年時代には丈夫な体を獲得したピラーティスは、さまざまな競技で運動家として活躍するとともに、後に自らが "コントロロジー" と名づけることになる体のコンディションを整えるエクササイズの開発を始めました。

1914年、第一次世界大戦が勃発した当時、英国の警察で護身術を教えていたピラーティスは、居留外国人として、同胞とともに収容所生活を送ることになりました。ピラーティスは、収容所の中で、自らのエクササイズを教え、自分と仲間の健康を保つために力を注ぎました。

戦争が終わると、ピラーティスは母国ドイツに戻りました。そして1920年代の前半には、当時の人気ダンサーたちと組んで仕事をするようになり、1926年には、アメリカに移住して、そこではじめて自分自身のエクササイズ・スタジオを設立しました。1940年代には、彼のユニークなエクササイズは、ダンスで傷めた体を回復させるのに有効なトレーニング法として評判を呼び、顧客として、ニューヨークのダンサーや俳優たちを数多く抱えるようになっていました。世界的に有名なショービジネス界のスターたちの中にも、ピラーティス・メソッドの恩恵にあずかった人は少なくありません。近年では、多くのスポーツ選手たちもピラーティス・エクササイズが過酷なトレー

ニングによってもたらされた、身体のアンバ
ランスを矯正するのに、有効な方法だと認
めています。

ピラーティスの遺したもの

　スタジオの設立から、ジョーゼフ・ピラー
ティスが亡くなる1967年までの40年間
に、ロン・フレッチャーやイヴ・ジェントリー
など数え切れないほどの生徒が、ピラー
ティスの下で、そのメソッドと知識を学びま
した。それらの人々の中には、自らピラー
ティスを基本としたエクササイズ・スタジ
オを開設した人々もおり、現在ではピラー
ティスの教授法も、いくつかのメソッドに枝
分かれしています。インストラクターたち
は、創始者のピラーティスが考案した基本
的なエクササイズ・プログラムに、それぞ
れ自分なりのこだわりと解釈を加えて指導
を行っています。ジョーゼフ・ピラーティ
スの本来のメソッドに興味を持たれた方
には、参考のために、彼自身の手による著
書、"Your Health"（1936）や"Return to
Life Through Contrology"（1945）をご
らんになることをおすすめします。

ピラーティス体型

ピラーティスで鍛えた体は、見ればすぐにわかります。なぜなら左右対称で、引き締まっているからです。伸びすぎたり丸まったりせず、自然なカーブを描く背骨、耳にむかってあがることなく、左右が同じ高さにある肩、長い首、みぞおちの部分が平らで引き締まったお腹、優雅で、スムーズに動く手足、ゆがみのないお尻、それから強く、ただし筋肉がつきすぎない脚などが、ピラーティス体型の主な特徴です。この体型を獲得すれば、自分の身体を流れるようにスムーズに、何の苦もなく動かすことができるようになります。

主な特徴

定期的にピラーティスのエクササイズを行うと、2、3ヶ月で、自分の体にこれらの変化が起こっていることに気づくはずです。効果の度合いは、体のタイプやエクササイズをする時間の長さによっても変わります。

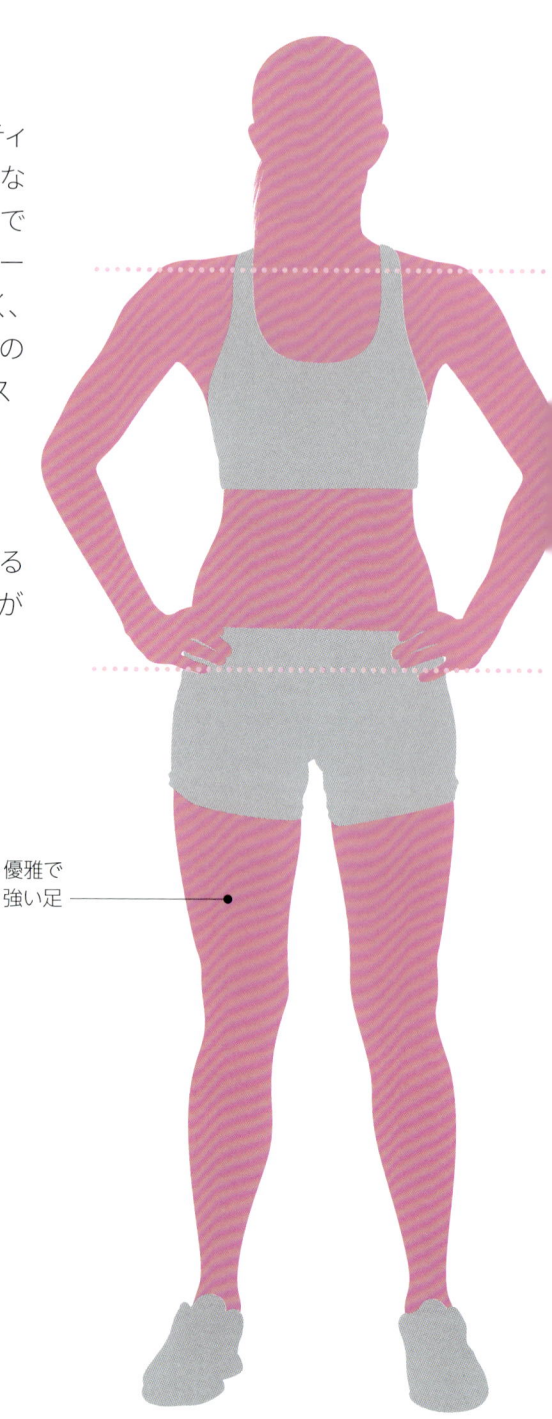

優雅で
強い足

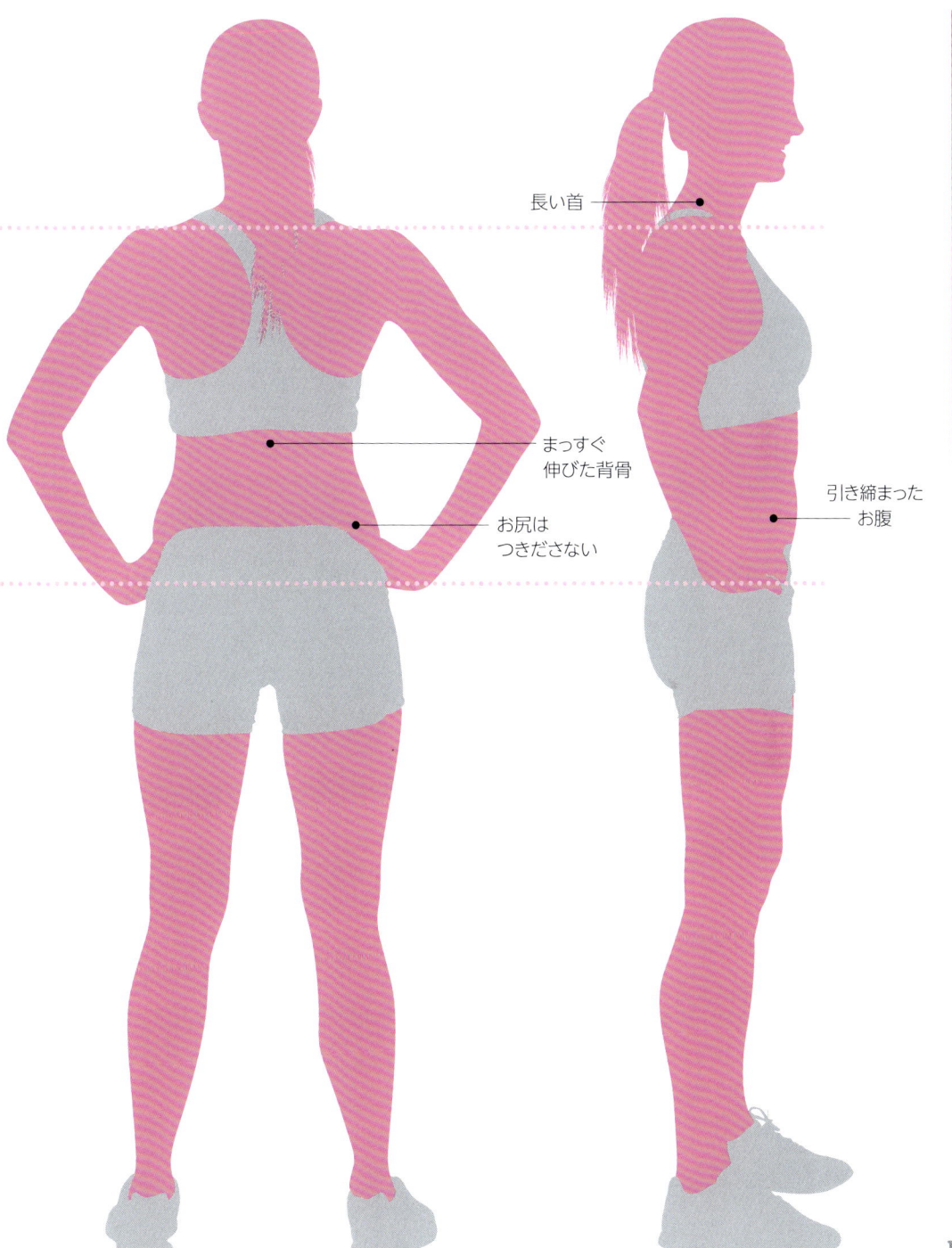

長い首

まっすぐ
伸びた背骨

お尻は
つきださない

引き締まった
お腹

原理

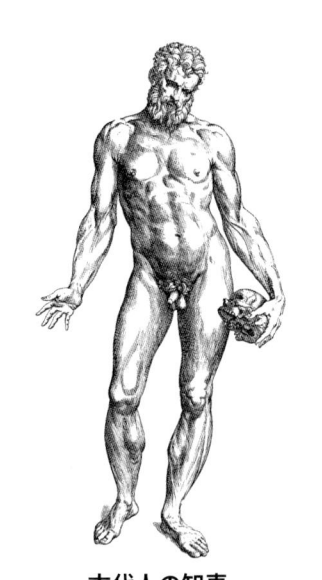

古代人の知恵
ピラーティスは、古代人が考える理想の肉体から
多くのヒントを得ています。

独自のエクササイズを考案するにあたって、ジョーゼフ・ピラーティスはさまざまな哲学的、そして文化的な伝統を取り入れました。とくにピラーティスが影響を受けたのは、古代ギリシャ人たちによって書かれた書物ですが、それと同時に東洋思想や、動物行動学からも、さまざまな要素をとりいれました。それぞれのエクササイズの基本となっている原理をみれば、彼のメソッドが身体と心の両方のためにデザインされたものである

ことがわかります。

集中力とコントロール

ピラーティスを行う際の、成功の秘訣は体の筋肉の動きに心を集中させることです。心を集中させることにより、自分の身体を知ると、結果的に、身体にあらわれたさまざまな動きの効果や筋肉の動きを敏感に察知することができるようになります。この敏感さを獲得するために、まず必要となるのは、"忘れ去られた" 筋肉とその動き方を再発見するために、とぎれることなく動かしながら、身体を意識する能力をやしなうことです。このように集中している間にのみ、あなたは、何気なく習慣にまかせるのではなく、自分の筋肉をコントロールして、自分の望みどおりに動かすことができるのです。

正確さと組み合わせ

まず目標とするのは、それぞれのエクササイズを、定められたとおり、正確に行うことです。エクササイズを正しい動きで行った場合と、間違った動きで行った場合の違いは、初心者には、ごく些細なことにみえるかもしれません。しかし、体の微妙なニュアンスの違いが意識するようになるにつれ

て、この違いがとても大切だということがわかるようになるはずです。最終的には、それぞれの動作をつなげて、なめらかで、バランスのとれた動きができるようになることが目標です。

なめらかさとしなやかさ

　ピラーティスのエクササイズは、一つのポジションから次のポジションへ、流れるようなスムーズな動きで移れるようにデザインされています。あわただしく、急激な動きをする必要はありません。そのような動きをすれば、筋肉は緊張し、縮んでしまいます。定期的なピラーティスのエクササイズを行えば、身体の柔軟性が高まり、可動域が広がるとともに、すべての動作を滑らかに行うことができるようになります。

センタリングと呼吸

　ピラーティスでは、四肢を自由自在に動かすために、体幹、つまり胴体の筋肉を強くすることを目標にしています。この目標を達成するためには、呼吸法を学ぶことも必要になってきます。ただしこれは、エクササイズの間に、身体の中に十分な酸素を取り込むためであって、体幹を必要以上にリラックスさせる必要はありません。

実際のエクササイズにおける原理

本書でこれから紹介していくエクササイズを行うにあたっては、それぞれの動きのベースとなっている原理を常に心にとめておかなくてはなりません。前のページでご紹介したすべての要素が、もっともシンプルなエクササイズの中にも込められています。

なめらかさとしなやかさ

それぞれの動きは、大きな動きを構成するパーツのようなものだと考えて、全体的な流れの意識をもって行わなければなりません。新しく発見した動きを楽しみ、自分が上達していくことを少しずつ楽しんでください。

集中力とコントロール

自分の身体をコントロールするためには、自分の動きに心を集中させてください。

センタリングと呼吸

いかなるときも、体幹の強さと安定を意識してください。自分が適切なタイミングで息を吸ったり吐いたりしていること、そして適切な方法で呼吸をしていることを確かめながら、エクササイズを行いましょう。

正確さと組み合わせ

エクササイズの間、指示なんて無視して、思い通りに、楽に動きたいという誘惑と戦ってください。正確に行うことで、エクササイズのそれぞれの要素が、論理的につながり、次の動きへ進むことができるのです。

骨格について

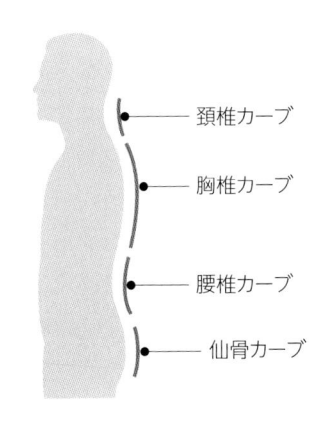

自然なカーブ

この背中の四つのカーブが、
背骨にかかるショックを自然に
吸収してくれる仕組みになっています。

ピラーティスのエクササイズを始める前に、これから行おうとするエクササイズに、特に関係のある部位の解剖学的な特徴について、基礎的な知識を学ぶことが重要です。これらの特徴は、この本の中でも、折に触れて、繰り返し述べていくことにします。

背骨

　背骨は、脊椎を保護し、骨格をつなげて支える、堆骨の連なりです。背骨は33の骨から構成される脊柱として知られています。背骨がそれぞれ独立した骨の連な

りで構成されていることで、背骨は柔軟で強くなります。それぞれの堆骨は前後の堆骨と、動きを制限する靭帯によってつながっています。椎間板は、堆骨同士の摩擦を避けるための軟骨でできたクッションのような役割を果たしています。

　後ろから見ると、背骨はまっすぐでなくてはなりません。しかし横から見た場合には、背骨には四つの自然なカーブがあります。これらのカーブがあることによって、背骨にある程度の弾性が備わり、通常の動きで背骨にかかるショックを吸収することができます。ピラーティス・エクササイズの目的の一つは、この健康なカーブを維持する、あるいは悪い姿勢の癖が原因となってゆがんでしまったカーブを回復させることです。

肩

　肩は胴体と腕がつながっている場所です。左右の肩には、それぞれ三つの接合点があります。鎖骨、肩甲骨、そして上腕骨です。鎖骨は一番上の胸骨とつながっています。この三つの肩の骨がつながっているポジションは、体全体の姿勢を決定する上で非常に重要です。

骨盤

　骨盤は下腹にある内臓を包み込み、背骨の一番下の骨につながり、脚——股関節につながります。腹部の（垂直）筋（P22参照）が骨盤の下部——恥骨につながっています。骨盤が正しいアライメントにあることは、体幹を安定させるための大事な要素であり、ピラーティス・エクササイズでも何よりも重要なことと考えられています。

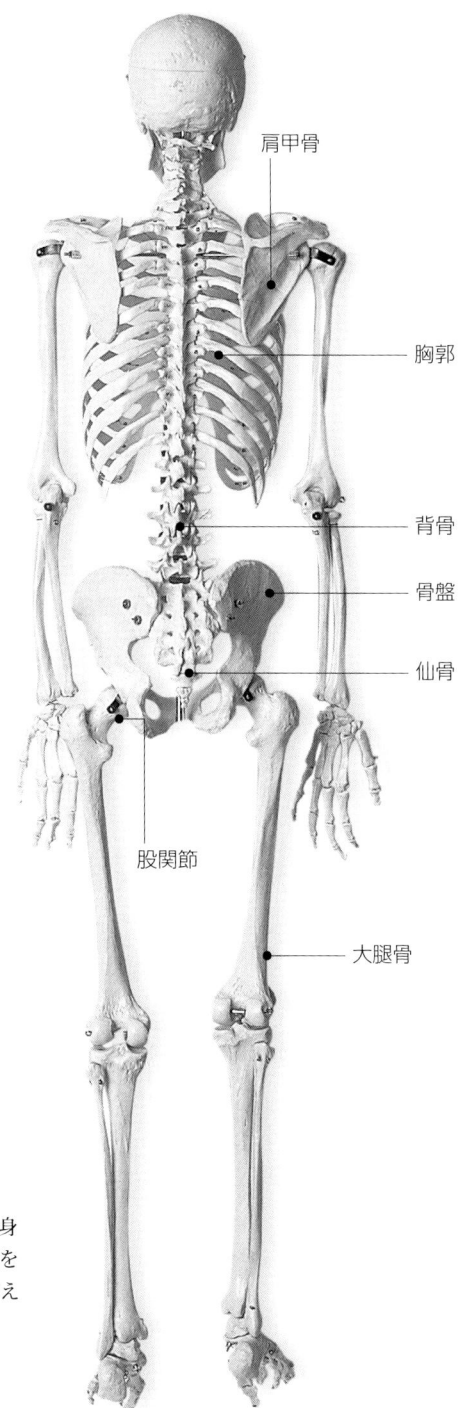

肩甲骨

胸郭

背骨

骨盤

仙骨

股関節

大腿骨

伸展

多くの医学の専門家は、ピラーティスが全身の骨の密度を増し、骨折や、骨粗しょう症をはじめとするさまざまな疾病を減らすと考えています。

主な筋肉

筋肉とは、体の動きを作り出す収縮性のある組織であり、対になる筋肉とつねに連動して動きます。例えばある筋肉が縮むと、もう一方の筋肉がリラックスします。よく使う筋肉は、強く引き締まりますが、同時にリラックスした状態では、柔軟さを維持するために伸びなくてはなりません。もしあまり筋肉を使わなかった場合は、それらの筋肉は弱くなり、弛緩し、弾力を失います。

筋肉

本書に出てくる主な筋肉と筋肉群を示しました。

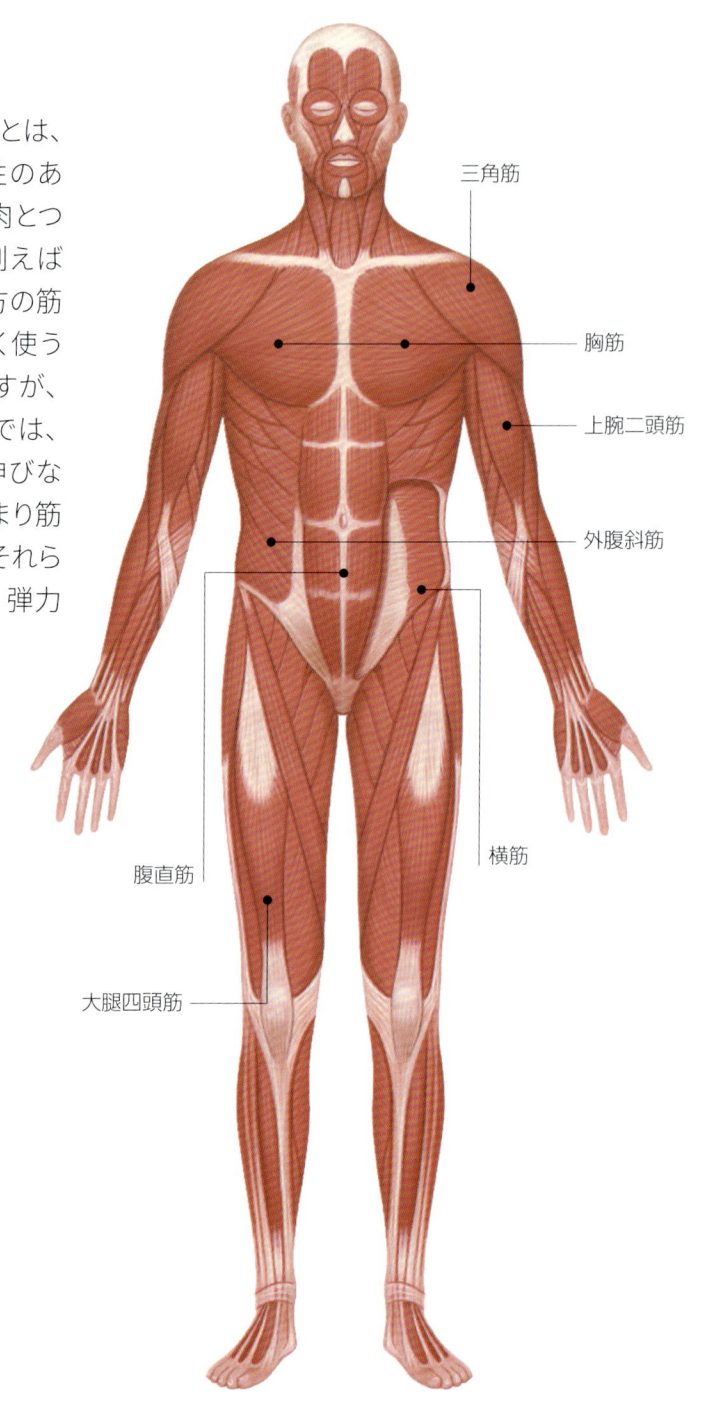

三角筋

胸筋

上腕二頭筋

外腹斜筋

横筋

腹直筋

大腿四頭筋

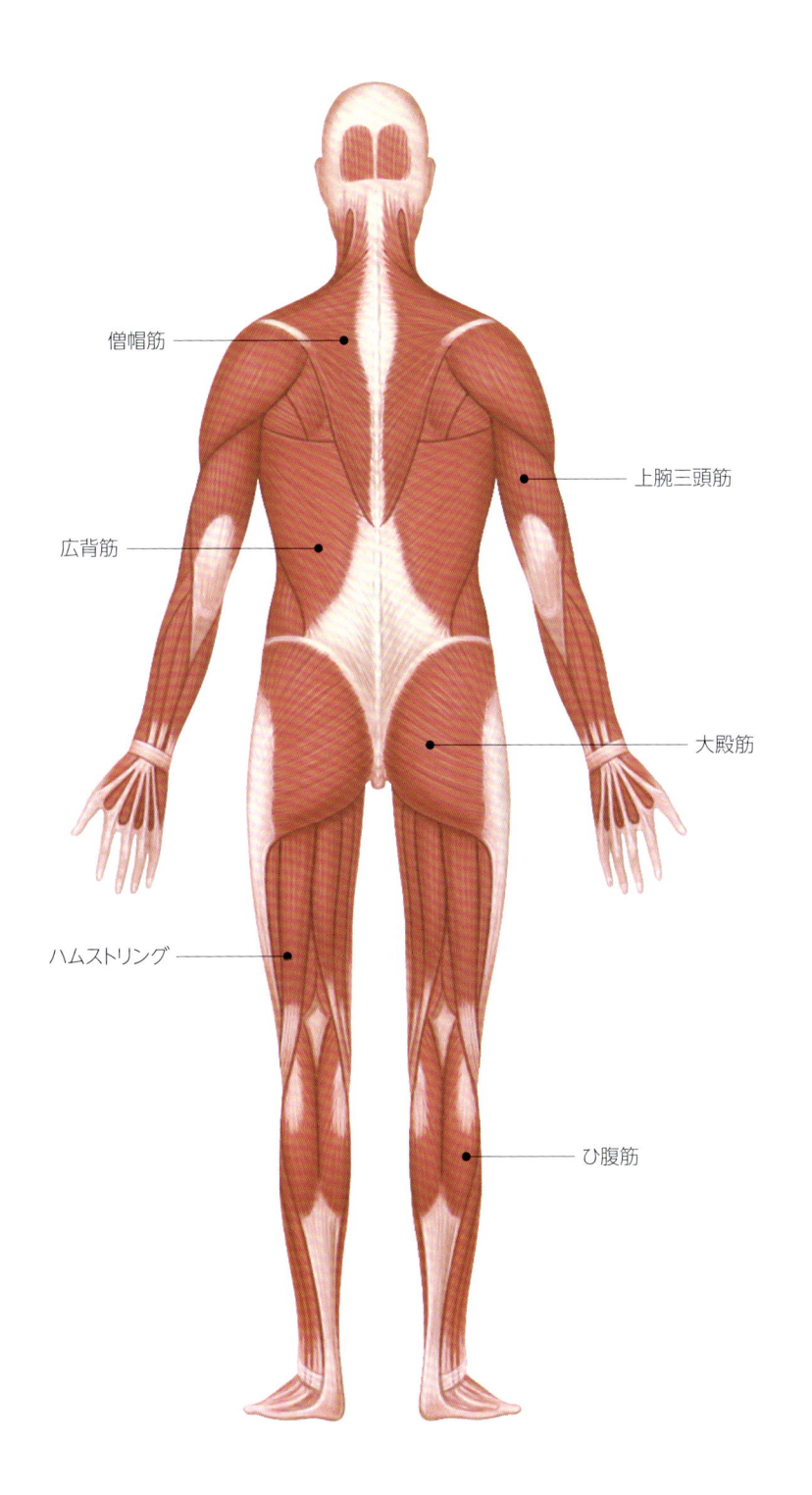

僧帽筋

上腕三頭筋

広背筋

大殿筋

ハムストリング

ひ腹筋

筋肉のガードル

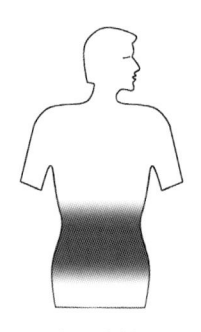

強い体幹
ピラーティスのエクササイズは
すべて筋肉のガードルを鍛えることで
得られる体幹の安定にかかっています。

ピラーティスの理論によると、身体のすべての動きは強い体幹から繰り出されなければなりません。ジョーゼフ・ピラーティスは、この強い体幹を"筋肉のガードル"、あるいは"パワーハウス"と名づけました。胴体が正しいアライメントにあり、安定していると、四肢を自由に動かすことができます。また、体幹が強ければ、腹筋と背筋が十分に働いて背骨と内臓を支え、動きが優雅で、エネルギーに満ちたものとなりますし、姿勢が悪いために起こる緊張や怪我のダメージを軽減してくれます。もし筋肉のガードルが弱ければ、足や、肩、そして背中といった、本来身体を支える役目ではない筋肉に頼って、身体を動

かしたり、姿勢を維持したりすることになります。

体幹の筋肉

ピラーティス初心者が、まずしなくてはならないのは、自分の筋肉のガードルがどこにあるのかを知ることです。人間の身体には、ちょうどおへその下の腹腔内に重力の中心があり、この部分が体幹の強さをつかさどっています。

特に体幹をリラックスさせるときを除いては、ピラーティス・エクササイズでは、つねにこの重力の中心を引き締めておくように教えられます。息を吐くときにも、腹部の筋肉は緊張させることなく、引き締めなくてはなりません。おへそを背骨に向かって引きつける様子をイメージしましょう（「おへそを背骨に」はピラーティスでしょっちゅう聞くマントラのようなものです）。また骨盤（P54-55参照）とお尻、そして広背筋を引き締めておきます。

筋肉の緊張を維持する

いろんなエクササイズの中には身体を強くするだけでなく、筋肉を太くするものもあります。しかしピラーティスは筋肉を太くするのではなく、筋肉を引き締め、伸びや

かにし、身体のバランスを整えて、より自由な動きを獲得することを目的としています。

良い習慣を身につける

　どんな動きをするときにも、常に身体の中心の筋肉は引き締めておくように注意しましょう。何かを持ち上げる動作は、とくに大きな負担のかかる動きですから、日々の生活の中でピラーティスの原則を取りいれるよいチャンスです。定期的にピラーティス・エクササイズを行わなくても、身体の中心の引き締めを心がけるだけで、日常的な動作の最中に起こる怪我のリスクを減らすことができます。悪い習慣と同様に、良い習慣もまた、後天的に身につけることができます。意識的な努力をしなくても、体幹の筋肉を引き締めることができるようになるまで、そんなに時間はかかりません。さらに筋肉のガードルを引き締める練習をすれば、今までよりずっと身体が安定することに気がつくはずです。

動きの中での強い体幹

体幹を引き締めていれば、身体を安全で無理なく動かすことができます。定期的なピラーティスのエクササイズを行って、腹筋が強くなるにしたがい、あなたは、自分が滑らかで、のびやかに身体を動かすことができるようになったことに気づくでしょう。このページの写真は、体幹を引き締めると、なぜいろんな姿勢における動きを滑らかにすることができるのかを説明しています。

座った姿勢

ストレスのかからない正しい座り方をするためには、体幹の筋肉が引き締まり、背骨が支えられていなければなりません。

四つん這い

この姿勢でニュートラルな背骨を保つためには、緊張して呼吸を制限することなく、体幹の筋肉を引き締めることが必要です。

長い首

肩を下げる

体幹の筋肉を引き締める

ニュートラルな背骨

前に身体を倒す

このポジションでは、体幹の筋肉で強く支えていなければ、背骨は非常にたやすくダメージを受けてしまいます。この姿勢から重いものを持ち上げようとするときには、必ず体幹を引き締めるようにしましょう。

引き締めた体幹に支えられている背骨

ひざを曲げる

楽に立つ

この明らかにリラックスした姿勢も、腹部の筋肉を十分に引き締めて、背骨を支え、アライメントがくずれないようにしなくては、維持することはできません。

こんな人がピラーティスで
よい効果を得られます

スポーツとピラーティス
ピラーティスは、スポーツのトレーニングに
補助的に取り入れるエクササイズとしても最適です。

すべての年代の人々が行える、もっとも効果的なボディー・コンディショニング法という点で、ピラーティスにまさるエクササイズはありません。また、ピラーティスは、長い間に習慣になってしまった悪い姿勢が原因となって起こる身体のアンバランスを矯正するのにも有効です。

背中の痛み

　悪い姿勢が原因となって起こる背中の痛みに悩んだことがきっかけで、ピラーティスを試す人も少なくありません。ピラー

ティス・エクササイズでは、体幹を鍛えて、背骨は腹筋によって支えられなくてはならないと強調していますが、それこそまさに背中の痛みに悩む人に必要なことです。

職業によるトラブル

　多くのスポーツやダンスのトレーニングでは、ある特定の動作を集中的に行うことが少なくありません。これはしばしば身体のアンバランスの原因になります。例えば、テニスプレイヤーはラケットを持つ側の筋肉を使うため、身体の片方の筋肉だけが発達します。その結果、身体のアライメントが崩れて、緊張やケガを招きやすくなります。繰り返しの動作が多い職業に従事している人々、たとえば、コンピュータ・オペレーターや流れ作業のラインで働く従業員なども、ダメージを受ける可能性が高い人々です。ピラーティス・エクササイズは、これらのアンバランスを緩和し、ケガの回復を助けます。

関節のトラブル

　関節を傷めると、ある特定の動作で正しい筋肉を引き締めることができなくなることがよくあります。そして、そのことがきっ

かけとなり、関節に慢性的な炎症を発症したり、さらにその症状を悪化させてしまうことがあります。ピラーティス・エクササイズは、身体を余計な負担から解放し、筋肉を強くして、股関節やひざといった体重のかかる部分の関節を保護します。

体型を美しくする

ピラーティスを学ぼうとする人の中には、もっと引き締まった身体を手に入れたいという人も多いことでしょう。このエクササイズの主な効果は、筋肉が引き締まり、平らなお腹と、たるみのないお尻、すらりとした腿を手に入れられることです。た

注意

本書にあるエクササイズを始める前に、必ずP36に書いてあるアドバイスを読んでください。

だし、ピラーティスは脂肪の燃焼を最大の目的としたエクササイズではありません。脂肪の多い体型の人なら、ピラーティスのトレーニングによって見た目も良くなるはずですが、体重を減らしたい場合には、ピラーティスと一緒に食事にも気を配り、定期的にウォーキングをするなどの、有酸素運動をとりいれなければなりません。

みんなのピラーティス

ピラーティス・エクササイズはすべての年代の人々に向いています。若い人ばかりではなく、年配の人にも大きな効果があります。ただし、それは注意事項をきちっと守り、専門家のアドバイスをあおいだ上での話です（P36参照）。性別や、年齢にかかわらず、だれでもピラーティスを始めることができます。完璧な健康体でなくても、何年間も運動をしていなくても、大丈夫です。ここにピラーティスによって、多くの効果を望める人々をそれぞれのグループごとに示しておきます。

スポーツによるケガの緩和

毎日のトレーニングに
ピラーティスを加えれば、
スポーツ中のケガを
最小限にとどめることができます。

年配の人々

ピラーティスはローインパクトのエクササイズであり、健康上の問題を抱えていたり、最近運動をしていないという人々にとっても理想のエクササイズです。

若い人々

健康的な動きのパターンを
身につけ、身体を強く、しな
やかにすることは、生涯に
わたって大きなメリットをも
たらしてくれます。

新米ママ

出産を経験した直後の女性にとって、ピラー
ティスは腹部の筋肉と骨盤を引き締めるの
に最適のエクササイズです。

回復期の人々

ピラーティス・エクササイズは骨折
や筋肉の凝りなどでダメージを受
けた部分を強く、しなやかにする
手助けをします。

ピラーティスとその他の療法

他の療法の効果を高める

整骨医やカイロプラクターは、
自分たちの療法に加えて、ピラーティス・
エクササイズを行うことをすすめています。

エクササイズに対するピラーティスのアプローチは、それがはじめて世に知られるようになった当初は、たいへん革命的なものとみなされていました。しかしながら数十年を経た今、世界中で何千という人々が、このエクササイズ・システムの恩恵を受けているという事実は、いかにこのエクササイズが大きな効果があるかを物語っています。現代では、ピラーティスの考え方の大半が、他のエクササイズのトレイナーからも広く受け入れられ、運動療法の主流になりつつあります。医師もしばしば、ピラーティス・エクササイズをケガの後のリハビリプログラムに導入しています。医師に相談すれば、ピラーティスのエクササイズを安全に治療の一環に取りいれることができます。整骨医もピラーティスを広く推奨しています。

類似の療法

ピラーティスには、アレクサンダー・テクニックやフェルデンクライス・メソッドと共通点が多くあります。アレクサンダー・テクニックの創始者はフレデリック・アレクサンダー（1869-1955）、フェルデンクライス・メソッドの創始者はモーセ・フェルデンクライス（1904-1984）であり、ジョーゼフ・ピラーティスと同時代を生きた人物です。これらのエクササイズの先駆者たちが、個人的な交流をしたかどうかは定かではありませんが、彼らが同じようなところからインスピレーションを得たのは確かです。彼らは一様に、身体をバランスよく使うことを重視しており、この3つのエクササイズを並行して行うこともできます。

心と身体のセラピー

ピラーティス・エクササイズは、西洋でははじめて、心と身体に注目してデザインされたセラピーです。しかしながら、東洋文化では、古来より伝統的に心と身体のつながりに着目したエクササイズが行われて

きました。ですから、たとえばヨーガなどのエクササイズを行っている人は、まったく行ったことのない人よりも、簡単にピラーティス・エクササイズで必要とされる集中力を身につけることができるでしょう。ストレッチを強調するという点は、洋の東西を問わず、どのエクササイズも同じです。しかしながら、呼吸法をはじめとして、西洋と東洋のエクササイズには、基本的に違っている点がいくつかあることを心に留めておくことが重要です。なぜなら、タイプの違うエクササイズを同時に行った場合は、時として心に葛藤を生じる恐れがあるからです。

ピラーティスのライフスタイル

ジョーゼフ・ピラーティスは、エクササイズに限らず健康やフィットネスなどについて独自の考えを持っており、エクササイズとともに、ダイエットや、身体の浄化、日光浴を行うことも勧めています。しかしながら、彼の考え方の中には、時代の流れに逆らったものも多くありますし、現代のピラーティス信望者たちも、必ずしも彼の本来の考え方にすべて従っているわけではありません。エクササイズの効果をあげたいからといって、ライフスタイルまで融通の利かない、堅苦しいものにする必要はありません。

ピラーティスを 始める前に

　この本で紹介しているピラーティス・エクササイズは、すべてマット・ワークを基本としています。ですから、特別な装置やウエアは必要ありません。しかしながら、エクササイズを始める前に、心にとめておかなければならない重要な事柄がいくつかあります。

　この章では、医学的な注意事項とセルフ・チェックの方法を紹介して、まず皆さんが克服していかなければならないウィークポイントがどこにあるのか、どのようにアライメントを改善していかなければならないかを具体的に示します。

エクササイズを行う前に

アドバイスを受けよう
自分が現在受けている治療にピラーティス・
エクササイズを加えたいと思うときには、
まず主治医からアドバイスを受けるのがおすすめです。

ピラーティスの目的は、自然で健康な身体の使い方を回復させることです。この点においていうなら、ピラーティスはだれにとっても安全で最適なエクササイズです。効果的にエクササイズを行うためには、身も心もエクササイズに集中しなくてはなりません。そのため、基本的で、一般的な注意事項がいくつかあります。つねに気をつけなければならないのは、もし身体に悪いところがあって、治療を受けているなら、まずエクササイズを始める前に、かかりつけのドクターのアドバイスを受けなければならないということです。ここ何年間も運動をしていない人や、ある

いは過去に大きなケガを経験したという人も、まずドクターに相談をしてください。

妊娠と出産

すべてのピラーティス・エクササイズは妊娠12週を過ぎるまでは、行わないでください。それ以降は、エクササイズによっては、行っても大丈夫なものがいくつかあります。とくに以前エクササイズをしていたという人は、大丈夫です。しかしながら、つねに主治医や資格のあるピラーティス・インストラクターのアドバイスを求めるようにしてください。インストラクターが妊娠中に最適なエクササイズを教えてくれるはずです。また、ピラーティスのエクササイズは、出産後の体型を元に戻すためにも、すばらしい効果を発揮します。しかし、エクササイズを始めるにあたっては、まずはかかりつけのドクターに相談することをおすすめします。

エクササイズをしてはいけないとき

少しでも集中力をそぐ要因があると、エクササイズの効果が減り、ケガの危険性が高まります。以下のような状況にあるときには、エクササイズをしないでください。
● 食後2時間以内

- アルコールを飲んだり、トランキライザーなどの気分を変える効果のある薬を服用した後
- 熱がある、または気分が悪いとき
- ケガをして、まだ痛みが続いているとき
- 市販薬や、医者から処方された薬を飲んでいるとき

エクササイズをしている途中

　筋肉を緊張させることなく、最大限の効果を得るには、エクササイズを指示どおりに正確に行わなければなりません。基本的なエクササイズをマスターしたという自信ができるまでは、必要以上に多くの回数を行ったり、さらに難しいエクササイズに挑戦しようとは思わないでください。エクササイズの最中に、今まで使わなかった筋肉が伸びることにより、多少の痛みを感じるのは普通のことです。ただし、本格的な痛みを感じたら、すぐにエクササイズを中止して、指示を見直してください。どこかが間違っているのかもしれません。痛みの理由が見つからない場合には、とりあえず痛みを感じるエクササイズはプログラムからはずして、経験豊富なピラーティスのインストラクターからアドバイスを求めるようにしましょう。

身体の特徴

セルフ・チェックの最初のステップは、理想のアライメントを目で見て、覚えることです。目で見るというのは何かを比較するときの基本です。自分自身のアライメントやその他の肉体的な特徴を客観的に評価しなくてはなりません。足の位置は立った姿勢の基本ですから、チェックは足から上へと行うのが普通です。このページで述べているような、理想的な特徴がどこかにないか探してください。ただし、一人として完璧な人はいない、だれでも1、2ヶ所は理想とはかけはなれた部分を持っているのだということを、覚えておきましょう。

アライメントを正す

ピラーティス・エクササイズの目標は、肩や腰、そして頭や背骨の上部の首などを左右対称（シンメトリー）にすることです。そのような左右対称の体型は見ていて気持ちいいだけでなく、ストレスなく身体を動かす基本になるものです。

骨盤のアライメント──
両方の腰が同じ高さ

ひざが正面を向いている──
曲がっていたり、
前に出ていたりしない

足がまっすぐ前を向いて、
平行になっている

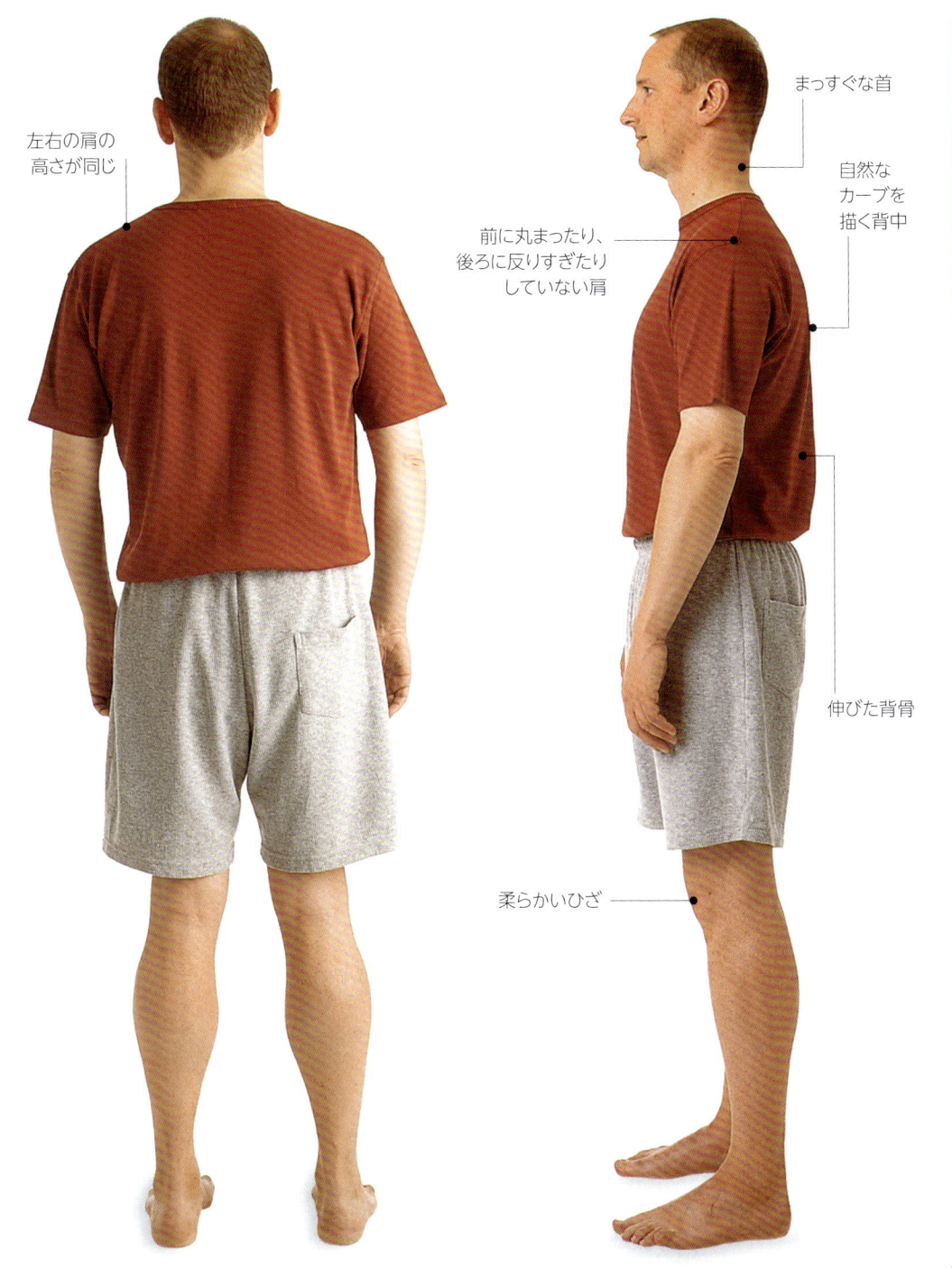

左右の肩の
高さが同じ

まっすぐな首

前に丸まったり、
後ろに反りすぎたり
していない肩

自然な
カーブを
描く背中

伸びた背骨

柔らかいひざ

ボディー・チェック

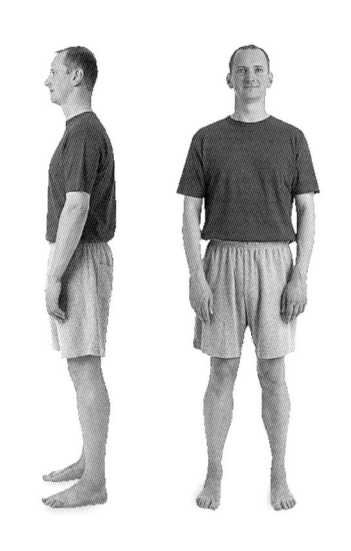

ポジショニング
肩も腰も左右が同じ高さに並んで、
頭が背骨の上にまっすぐにのっています

理想のアライメントとは、身体の中で重い部分、つまり頭、肋骨、骨盤がバランスよく配置されて、背骨に最大限の安定をもたらし、緊張が最小限にとどまっている状態です。頭、肋骨、骨盤のどれか一つが身体の中心からはずれると、アライメントが崩れます。例えば、頭を前に突き出すと、それを埋め合わせるために背骨が曲がってしまいます。こういったゆがんだアライメントは、筋肉や靭帯にストレスをかけて、ケガのリスクを高めます。まず、どこか1ヶ所でバランスが崩れ、そのアンバランスを埋め合わせるために、別の場所でアンバランスが起きる、そしてまたそのアンバランスを埋め合わせるために……という連鎖はよくあることです。

頭と首

そのサイズゆえに、頭は身体の中でももっとも重い部分です。緊張を生じないようにするためには、頭の重みは、首から背骨にかけてバランスよく分散されなくてはなりません。頭が左右どちらか、あるいは前や後ろのどちらかに傾いてはいけません。

肩

肩はいつも首の下でリラックスさせます。左右の肩は同じ高さです。横から見たときに、肩が前に丸まっていたり、後ろに反っていたりしてはいけません。

背中のカーブ

横から見ると、背中のカーブはいくつかの凹凸でできています。これらのカーブがまっすぐだったり、必要以上に曲がりすぎていたりしないようにしましょう。

骨盤

　良い姿勢にとって、骨盤の位置はとても重要です。横から見たときに、前や後ろに傾きすぎず、フラットになっているのが理想です。ピラーティス・エクササイズでは、いかにして骨盤を健康的でニュートラルな位置に保つかを教えます。（P48参照）

ひざと脚

　ひざの位置は、股関節のアライメントを決める要因の一つです。膝頭が正面を向き、関節は内側（X脚）にも外側（O脚）にも曲がってはいけません。横から見た場合には、骨盤、ひざ、くるぶしが一直線に並んでいるようにします。ひざが垂直の線からはみ出て後ろに下がっている状態は、過伸展と呼ばれます。

足首と足

　立っているときに足はまっすぐ前を向いて、かかとまで均等に体重がかかっていなくてはなりません。

これがあなた？

このページの写真は、よくある悪い姿勢です。このような姿勢は、遺伝的なものの場合もあるでしょうし、習慣的な悪い姿勢が原因になっているのかもしれません。ピラーティスを行えば、これらの多くの問題を取り除くことができます。ただし完璧に問題を取り除くというよりは、むしろ軽減するといったほうが正しいかもしれません。たとえ自分の欠点を見つけても、がっかりしないでください。知識を身につけ、むしろ欠点の克服を励みにして、改善のためにエクササイズを行いましょう。

左右の高さが違う肩

左右高さの違う骨盤

よくある悪い姿勢

たとえ悪い姿勢が習慣になっているわけではなくても、このような姿勢の人は多いものです。このように"リラックス"した姿勢は、けっして身体を休ませているのではなく、逆にアライメントをゆがませて、緊張を生んだり、背中を支えるために身体に負担をかけたりします。

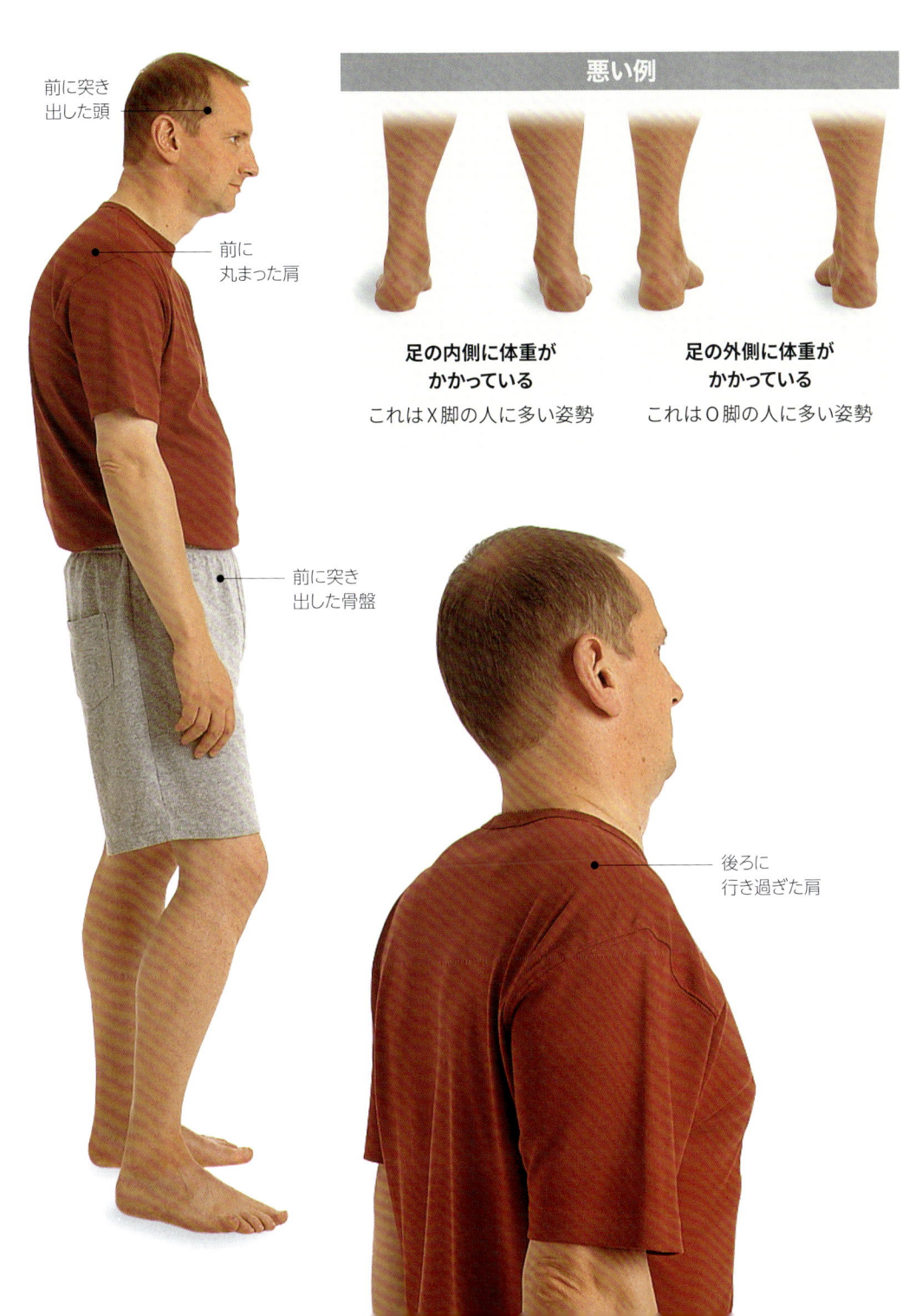

前に突き
出した頭

前に
丸まった肩

前に突き
出した骨盤

悪い例

**足の内側に体重が
かかっている**

これはX脚の人に多い姿勢

**足の外側に体重が
かかっている**

これはO脚の人に多い姿勢

後ろに
行き過ぎた肩

服装、道具、スペース

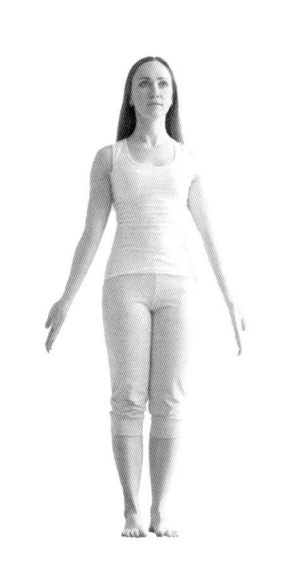

動きやすい服装
身体を自由に動かすことのできる
ウエアを選びましょう

ピラーティスと聞いて、すぐにエクササイズ・マシーンがあちこちに備え付けられた高級フィットネス・スタジオを連想する人もいるかもしれません。実際、ピラーティスのために特別に考案された装置を使うエクササイズがあるのも事実です。ただし本書で紹介しているマット・ワークについては、何も用意する必要があ

りません。ですから、これらのエクササイズは家で行うのにもってこいです。ただし、エクササイズから最大限の効果を引き出すためには、いくつかの基本的なアイテムが必要です。

服装

軽くて、ウエストを締めつけないものを選ぶのは常識です。レッスンでは、少し身体にぴったりとしたもの、例えばレオタードとかサイクリング用のパンツとTシャツなどをすすめられるかもしれませんが、家ではそのような気遣いは無用です。ただし、エクササイズが正確に行われているかどうか確かめるためには、あまりゆったりとしすぎたものを身につけるのは避けたほうが無難です。マット・ワークのエクササイズは、裸足で行います。

道具

次のようなシンプルな道具を持っていると重宝します。
● いくつかのエクササイズでは、長いスカーフや布（長さ1メートル、幅20センチくらいのもの）を必要とします。スポー

ツ用品店でエクササイズ・ベルトを買っ
てもいいでしょう。
● 薄いクッション、あるいは折ったタオルが
あると、フロアエクササイズの間、頭を支
えるのに便利です。
● 床にパッドを敷くのもおすすめです。エ
クササイズマットを買いたくなるかもしれ
ませんが、厚めのラグか、たたんだブラン
ケットで十分です。

スペース

　ピラーティスのエクササイズは、横にな
り、腕を上げたり下ろしたりしてあたらない
だけのスペースがあれば十分です。暖かく
て、換気を十分にした部屋で、床が滑らず、
他の人の邪魔にならない場所を見つけま
しょう。

心と身体の再教育

　皆さんは、すでにピラーティスの原則について基本的な知識を得て、実際にエクササイズに取り組む心構えができているはずです。この章では、すべてのピラーティス・エクササイズの基本となるテクニックを紹介します。この章で書かれている事柄をきちんと理解しないまま、次の章の基本エクササイズに進んでも、なかなか思うような上達は望めません。

　章の最後では、バランスのよい結果を得るために、どのようなエクササイズ・スケジュールを立てればいいかも説明しています。

アライメント

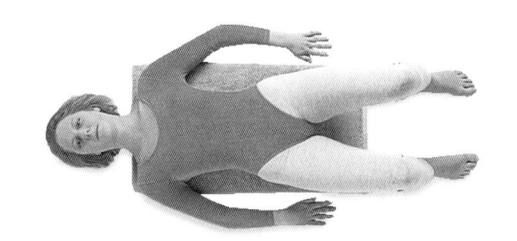

アライメントをまっすぐに
ピラーティス・エクササイズでは、
まず正しい姿勢を学びます。

エクササイズを始める前に、まず正しいアライメントを確認することを習慣にしましょう。最初のうちは、直さなくてはならないところがたくさんあるかもしれません。しかし最後には、正しい姿勢が新しい習慣として身につくはずです。

あおむけのアライメント

　身体、特に背骨は、いわゆるあおむけの姿勢で横たわったときに、もっともリラックスした状態にあります。それゆえ、アライメントの調整は、まずはあおむけの姿勢から始めるのがよいでしょう。だれかにアライメントをチェックしてもらい、間違っているところを指摘してもらうのは、大いに役に立ちます。もちろん、教室でレッスンを受けている場合には、インストラクターが適切なアドバイスをくれるはずです。家でエクササイズをするときには、家族や友だちに手助けを頼みましょう。正しいアライメントのポイントを簡単に説明して、自分の姿勢が正しいかどうか、教えてもらってください。

頭はまっすぐ　　　肩は首から遠くに　　　平らなお尻

アライメントのキー・ポイント

　床にマットを敷き、その上に横たわります。必要なら、平らな枕やたたんだタオルを頭の下に置いてください。足から頭に向かって、以下の事柄をチェックします。

● 腰の幅に開いた足とひざは、まっすぐ前を向いて、平行になっている
● お尻が平らになっている
● 腕は、身体の横でリラックスさせ、手のひらを上か下に向けて、ひじは軽く曲げる
● 肩が平らで、首までリラックスしている
● 首はまっすぐに伸びている
● 頭が前に出たり、後ろに反ったりしていない

ニュートラルな骨盤

　横から見ると、骨盤はウエストの下で自然に内側にカーブ（腰部曲線）を描いています。骨盤が前に傾いている場合には、この腰部曲線のカーブが極端に強くなりますし、骨盤が後ろに傾いていると、曲線はフラットになります。骨盤が前や後ろに傾いている状態が習慣になっている場合は、腰に大きな負担がかかっています。骨盤のニュートラルな位置は、人によって違います。あおむけになって、自分の骨盤のニュートラルな位置を知ることが、まず必要です。

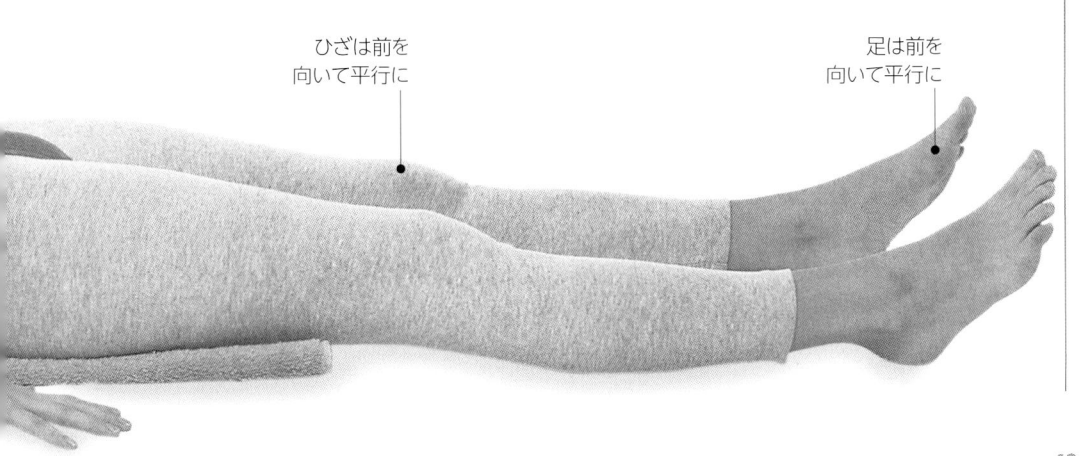

ひざは前を
向いて平行に

足は前を
向いて平行に

ニュートラル・ポジション

前のページでは、あおむけの姿勢でアライメントを正す方法について説明しました。ここではさらに話を進めて、どうしたらリラックスし、正しいアライメントの意識を高めることができるかについて説明しましょう。とくに重要なのは、自分の骨盤にとってニュートラル・ポジションを見つけることです。エクササイズを行う前には、必ずこの準備リラクゼーション・エクササイズを行うようにしましょう。リラクゼーション音楽を聞きながら、エクササイズするのを好む人もいます。

1 前ページで説明した基本のあおむけの姿勢から、ひざを曲げ、足を腰の幅に開き、足の裏を床につけます。かかとの中心から、左右の足の内側にも外側にも、均等に体重がかかっていることを意識してください。床にぴったりとそって身体がリラックスし、筋肉が柔らかくなり、背骨が伸びているのを感じてください。背骨をニュートラルにしましょう。肩甲骨も背中にたたみこまれるようにリラックスしている状態をイメージしましょう。ただし意識して身体を動かそうとは思わないでください。あごと顔の筋肉もリラックスします。

2 骨盤をゆっくりと左右どちらかに倒します。この動きを何度か繰り返し、終わったら最初のポジションに戻ります。

3　しばらく休んだ後、骨盤を前に傾けます。恥骨が下をむいて、背骨と床の間にできた隙間が広くなるはずです。この動作を行っている間も、身体の他の部分や脚はリラックスさせておいてください。

上から見ると

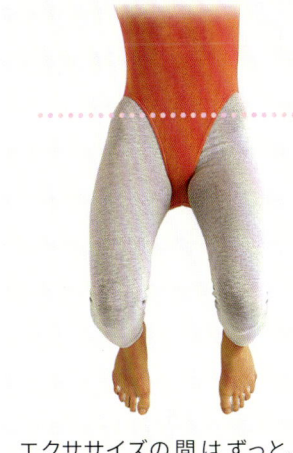

4　次に、おへそを背骨に向かってひきつけるようにして、骨盤を後ろに傾けます。恥骨が上がり、背中が平らになって、床と背中の間の隙間がなくなるはずです。

エクササイズの間はずっと、腰骨が左右同じ高さにあり、足、ひざ、腰が一直線上に並んでいます。

5　3と4の動作の間に、身体を真ん中のポジションに戻します。そのときの骨盤は、前にも後ろにも傾かず、フラットになっているはずです。3から5のプロセスを5回繰り返しましょう。エクササイズを終えたときの背中と床の間に少し隙間があいている状態、これがあなたの骨盤のニュートラル・ポジションです。

骨盤底

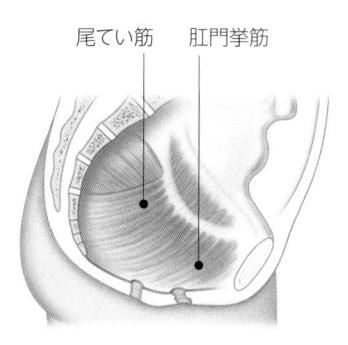

尾てい筋　　肛門挙筋

骨盤底の筋肉

身体の内側にある骨盤底の筋肉は、
骨盤内にある内臓を支えるために
非常に重要な役割を果たします。

ピラーティスで体幹の筋肉というとき
には、私たちがよく知っている前腹
部の腹筋だけではなく、骨盤の中で
内臓を包んでいるハンモック状の筋肉も指
します。男性と女性では骨盤の構造は大
きく違いますが（女性の骨盤は浅くて、広
い）、男性にとっても、女性にとっても、骨
盤底の位置を意識して、その筋肉を働かせ
ることはとても重要です。これらの筋肉は
全身の中でももっとも重要な筋肉のひとつ
ですが、多くの人々はその存在を認識して
いませんし、まして意識して使うようなこと
はしません。

骨盤底の筋肉

骨盤底はメッシュ状の筋肉と靱帯の集ま
りであり、骨盤の前にある恥骨から骨盤の
下へと伸びて、足の間へ広がり、背骨の一
番下につながっています。骨盤底の筋肉
は膀胱と尿道（膀胱からのびている）、肛
門、そして女性の場合にはヴァギナまでを
取りまいて、コントロールしています。

なぜ骨盤底の筋肉は重要なのか？

骨盤底の筋肉が鍛えられ、きちんと働い
ていれば、身体を動かしている間も、膀胱
や尿道（女性の場合）、そして前立腺（男性
の場合）をはじめとする骨盤内の内臓を力
強く支えることができます。もし、この筋肉
がゆるむと──あまり使わなかったり、肥
満したり、出産を経験するなど、原因はさ
まざまです──咳をしたり、力んだりして、
腹腔内に圧がかかった拍子に失禁してしま
う恐れがあります。また内臓の脱出症を起
こすリスクも高くなります。

骨盤底の筋肉は、体幹を強くして、安定
させるピラーティスでいうところの"筋肉の
ガードル"の一番下の部分に位置します。
だからこそ、多くのピラーティス・エクササ
イズを行う前には、骨盤をニュートラルに
しておく必要があるのです。これらの筋肉

は、お腹の中の深層部を引き締めるためにも、極めて重要な役割を果たします。バランスのとれたトレーニングを行うことで、すべての体幹の筋肉を均等に鍛えることができます。すべての筋肉をバランスよく鍛えなければ、あなたが目指す調和の取れた結果は望めません。以上の理由により、エクササイズ・メニューに骨盤底のエクササイズを取り入れることを忘れないようにしてください。

男性にも有効

骨盤底のゆるみに悩むのは女性だけだと思っている人が少なくありません。それは大きな間違いです。女性と同様に、男性もまた、骨盤底の筋肉を維持しなくてはなりません。中年以降の男性の多くが抱える排尿障害の問題も、骨盤底を引き締めることで、改善することができます。

骨盤底を引き締める

次に紹介するエクササイズを、いつものエクササイズ・メニューに取り入れてください。この動きは、写真で見ても、他人が行っているのを見ても、ほとんどわからないくらいのかすかなものです。実際に自分で行って、その感覚をつかむしかありません。ひとたび、骨盤を引き締める感覚をつかむと、どこでも、いつでも練習することができます。大切なのはお尻とお腹の筋肉をリラックスさせたまま、骨盤底の筋肉を引き締めるテクニックをマスターすることです。しかし、これは簡単なことではありません。

1 ひざを曲げ、足の裏を床につけて（P50のステップ1参照）、床に横たわります。おしっこを途中で止めるようなつもりで、骨盤底を引き締めます。このエクササイズを行っているときには、手はお尻にあて、お尻の筋肉も一緒に引き締めていないことをチェックします。この姿勢をできるだけ長く維持します。エクササイズを行っている間も、呼吸は普通にします。

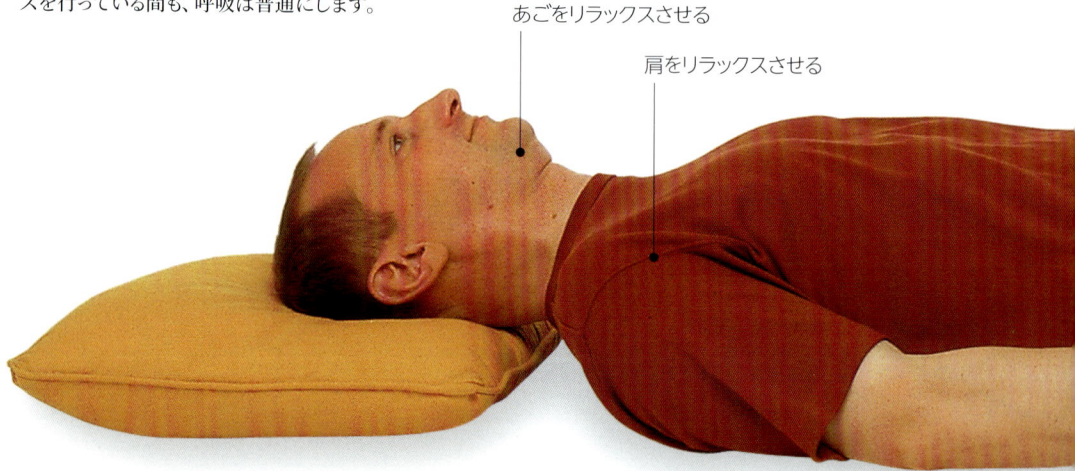

あごをリラックスさせる

肩をリラックスさせる

2　同じ姿勢で、もう一度骨盤底の筋肉を引き締めます。このときには手は下腹部、つまりちょうど恥骨の上に置き、骨盤底を引き締めると同時に腹筋や太腿の前の筋肉が硬くなりすぎていないかどうか、確認しましょう。骨盤底の筋肉だけを動かすことができるようになったら、同じ動きを5回繰り返します。1回引き締めるごとに、少なくとも10秒は姿勢を維持するようにしてください。

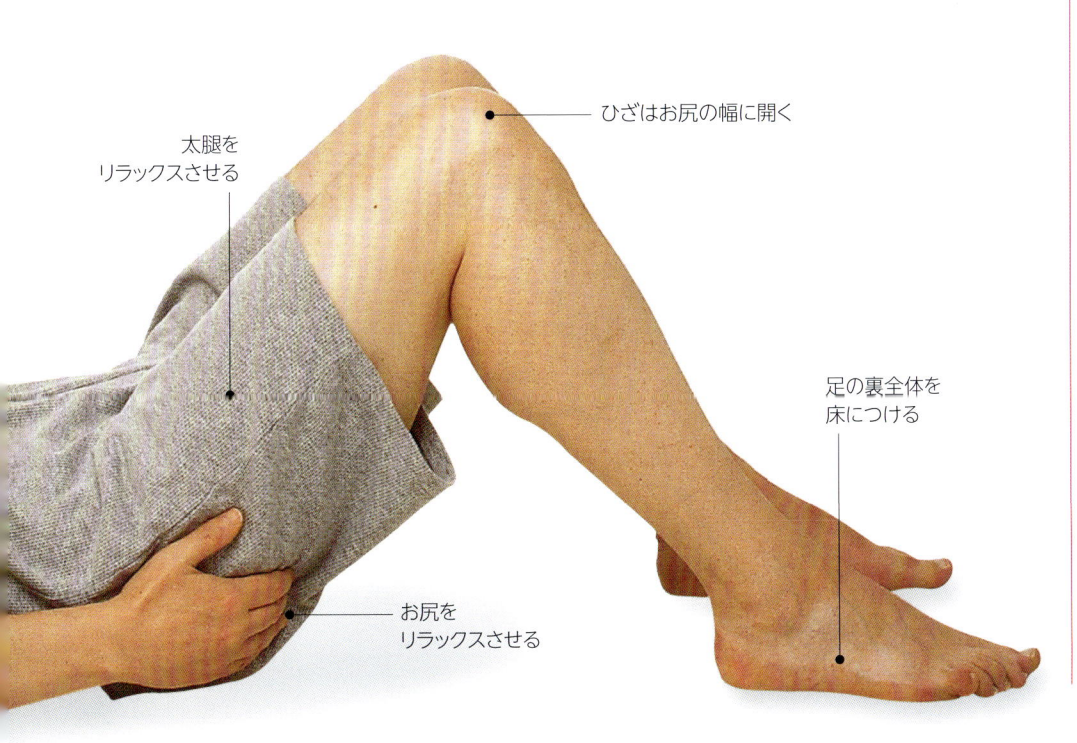

太腿を
リラックスさせる

ひざはお尻の幅に開く

足の裏全体を
床につける

お尻を
リラックスさせる

心を引き締める

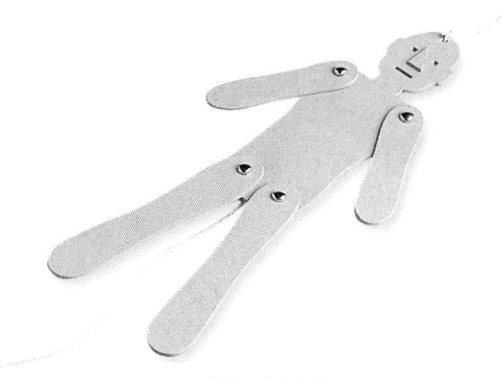

イメージする
自分がどんなポーズもとれる
人形だとイメージしてください。
そうすれば動きがイメージしやすくなります。

ピラーティス・エクササイズの特徴の一つは、身体を意識的にコントロールする力を高めることです。ジョーゼフ・ピラーティスは自らのエクササイズを「コントロロジー」と名づけ、エクササイズがもつメンタルな面の重要性を強調しました。

ピラーティスは、ほとんどの人は、脳からの意識的な指令を受けることなく、本能のままに身体を動かしているという事実を発見し、これが、多くの人が、習慣的に姿勢と健康のためによくない身体の動かし方をする原因の一つになっていると考えました。

この問題を解決するためには、ピラーティスは身体の動きを意識的にコントロールすることが必要であり、その結果として数千の脳細胞をあらためて目覚めさせることができると述べました。彼の説は、神経学からいえば、必ずしも正しいとはいえないかもしれません。しかし心と身体を一体にするピラーティス・エクササイズを定期的に行っている人は、以前より、自分の身体がさらに敏感になり、はつらつとしていることを実感していると言います。

自分を信じる力

はじめて行うときには、もっともシンプルなエクササイズでさえ難しいと感じてしまうのは、心の持ちようによるところが大きいでしょう。特定の筋肉を正しく使い、それに合わせて正しく呼吸をすることは、ピラーティス初心者にとって、容易なことではありません。

ピラーティスをはじめて間もない頃には、自分が必ず新しい動きを身につけ、動きを改善していくことができるという強い信念を持つことが大事です。自分の身体に対するコントロール力を高めることは多

大な時間と努力を要するプロジェクトだけれど、最後には、きっとやり遂げることができるという確信を持たなくてはなりません。

精神集中のためのテクニック

　身体を知ることは両面通行の道のようなものです。身体の筋肉に正確な指示を与えることを学ぶと同時に、自分の脳にその感覚とメッセージをフィードバックするための感受性を育てなくてはなりません。他のことに気をとられず、筋肉の動きに意識を集中させるためには、すべての邪魔を取り除かなくてはなりません。たとえば電話のベルの音などの、生活の中にある外的な干渉を最小限にするというきわめて実質的な対策のほかにも、自分自身の中にある集中力を高めることが有効です。いろんな形で瞑想することによって、大いに集中力を高めることができる人も少なくありません。シンプルな呼吸法を使った瞑想から、もっと高度な心の中に何かをイメージするエクササイズまで、いろいろなテクニックを試してみましょう。次のページで、いくつかの基本的なイメージ・トレーニングの方法を紹介します。

モデルとなる動き

イメージ・トレーニングは
集中力を高め、
正しい身体の動きを
身につける手助けになります。

イメージ・トレーニング

ピラーティスでは、エクササイズをより
よく理解するために、イメージ・トレーニングが非常に有効だと考える人が少なくあり
ません。思い描くイメージは人によってそれぞれですが、このページで紹介しているイ
メージ・トレーニングはほとんどの人に有効です。

骨盤底の安定

骨盤を安定させて、アブドミナル・カールやそれ
に類するエクササイズを行うときには、恥骨から
肋骨の下にかけての部分が、コンクリートで固
められている状態をイメージしてください。

伸展

あおむけの姿勢では、まず背骨を上から下まで
伸ばす感覚を養うことが必要です。頭のてっぺ
んに結びつけられた紐で頭や首をゆっくりひっぱ
られると同時に、尾てい骨に結びつけられたもう
一本の紐で足の方向にひっぱられている様子を
イメージします。身体全体をリラックスさせたま
までです。

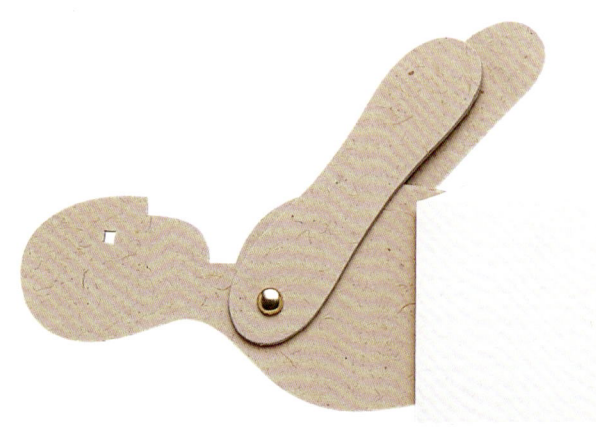

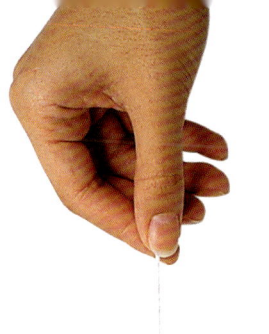

背骨をカールさせる

スパイン・リフト（P86-87参照）をはじめとするいくつかのエクササイズには、背骨を丸めて、再び伸ばす動作が含まれています。重要なのは、身体を丸めるときに、椎骨を一つずつ床から持ち上げる感覚です。歯車の歯の一つ一つが離れていく様子をイメージしてください。

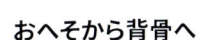

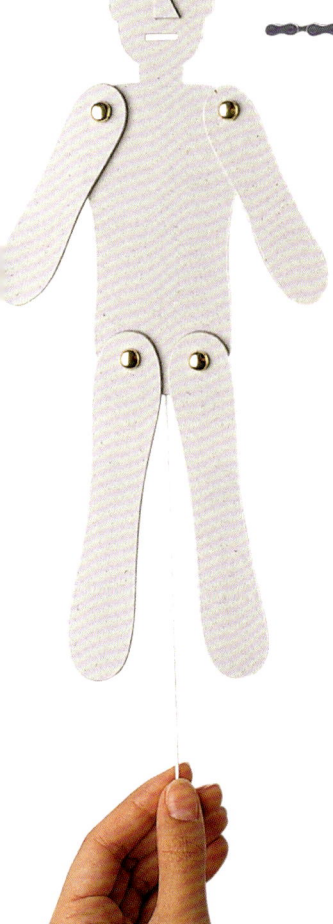

おへそから背骨へ

この基本的な動作を行うときには、おへそにとりつけられた紐が身体の中を貫通して、背中から出ている様子をイメージしてください。おへそを背骨に向かってひきつけるときには、誰かにこの紐をおへそから背骨に向かってひっぱられている様子をイメージします。

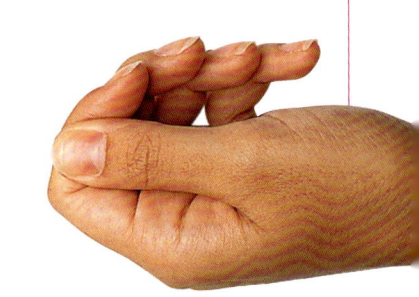

呼吸

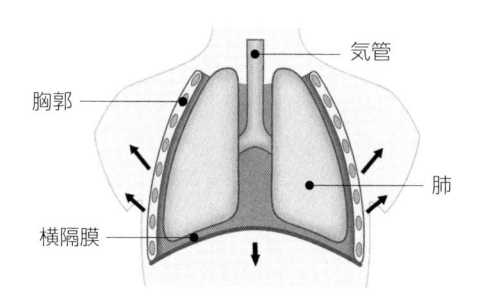

息を吸う
息を吸うときには、
横隔膜が平らになり、胸郭が広がります。

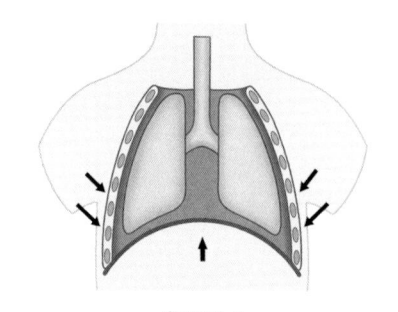

息を吐く
息を吐くときには、
横隔膜がドーム状にふくらみ、胸郭が縮みます。

私たちは呼吸をすることによって、酸素を体内に取り込みます。酸素は、身体が動いたり、臓器が機能するために必要なエネルギーを生み出すために欠かせない材料なのです。

無駄のない呼吸は身体を最大限に動かすための必要条件であり、なぜジョーゼフ・ピラーティスがエクササイズ中の正しい呼吸の重要性を強調するかは容易に理解することができます。

胸式呼吸

いくつかの種類の深呼吸では、息を吸うときにお腹が膨らみます。ピラーティスでは、このような呼吸法をすすめていません。なぜなら、腹式呼吸は、腹筋をリラックスさせすぎるため、エクササイズの間、体幹を不安定にさせてしまうからです。ピラーティス・エクササイズで教えられる呼吸法は、いわゆる胸式呼吸、あるいは胸郭呼吸と呼ばれるものです。この呼吸法では、息を吸っている間も、お腹や体幹の筋肉は引き締まったままです。肩はリラックスし、息を吸うときにも、上がりません。息を吐くときには、骨盤底を含む、体幹の筋肉すべてが、身体の中心に向かってひきつけられ、引き締められている感覚を意識してください。

なめらかな呼吸

ほとんどのピラーティス・エクササイズ

では、動く前に息を吸います。そして、吐きながらエクササイズを行います。一息の間で終わらないエクササイズは、途中で動きを止め、もう一度息を吸って、また吐きながら動きを始めます。エクササイズの間、息を吐きながら身体を動かすと、体幹の筋肉が引き締まり、不必要な緊張をまねくことがありません。この方法で呼吸すると、カール（P102-103参照）の間も、お腹が出っ張るのを防ぐことができます。

身体をリラックスさせる

筋肉と関節の緊張を取り除くには、あおむけになり（P48-49）静かに呼吸をします。息を吸うときには、足のかかとから空気を身体の中に取り込む様子をイメージしてください。吸った息が脚を通り、体幹に流れ込んで、緊張を取り除きながら、関節や筋肉をソフトに包み込む様子をイメージしましょう。

ブリージング・エクササイズ

自信をもって胸式呼吸を行えるようになるまでは、プログラムを行うたびに、一つの独立したエクササイズとしてブリージング・エクササイズを取りいれる価値は十分にあります。最初はお腹をへこませながら息を吸うのは奇妙な感じがするかもしれません。しかしすぐに慣れるはずです。手を肋骨の上に置くと、息を吸うごとに胸郭が拡張と収縮を繰り返す様子がはっきりと実感できます。もう一つ、呼吸が正しくできているかどうか確かめる方法として、ピラーティスのインストラクターの中には、ブリージング・エクササイズの間、胸の周りに長いスカーフを巻きつけることを勧める人もいます。どちらでも自分のやりやすいほうを選んでください。ただし、このエクササイズは必ず鏡の前で行うようにしましょう。

1 左右の指先が軽く触れるように、肋骨の上に手を置きます。

2 息を吸うと、
手が離れます。

肩を下ろす

胸を広げる

お腹を
引っ込める

3 息を吐くと、
再び指先がつきます。

休憩とリラクゼーション

ひざをついて行うレスト・ポジション
このリラクゼーションの姿勢は、背中を使うエクササイズ（P122参照）の後に取りいれるともっとも効果的です。

エクササイズと リラクゼーションは一枚のコインの裏と表だと思ってください。一方の面なくして、もう一方の面だけを手に入れることはできません。筋肉を使わなければ、リラクゼーションの心地よさを感じることもありませんし、リラックスしなければ、筋肉を最大限に働かせることもできません。だからこそ、効果の高いエクササイズ・プログラムには、必ずリラクゼーションが組み込まれているのです。ピラーティスもまた例外ではありません。それぞれのエクササイズの最後で、必ず数分間を割いて、リラクゼーションをするようにしましょう。それによって、エクササイズの間に生じた身体の緊張を取り除き、日常生活に戻る前に、エクササイズの効果を身体の中に吸収することができます。

特定の部位のリラクゼーション

ピラーティス・エクササイズの多くには、それぞれのエクササイズに応じて、使ったばかりの筋肉を休めるためにデザインされた補完的なリラクゼーションがあります。例えば、腹筋を使うカールのエクササイズの後は、しばらくの間胸の下にひざを抱え込むような姿勢で（P103参照）で使った筋肉を休ませることができます。また背中のストレッチの後は、ひざをついて行うレスト・ポジション（P122参照）で背骨全体を優しく伸ばします。

これらの補完的なポジションは、エクササイズによって生じた緊張をほぐすだけではなく、働きっぱなしの筋肉を伸ばして、ある特定の筋肉群が、何度も繰り返し収縮することによってしなやかさを失ってしまうのを防ぐ効果があります。ピラーティス・エクササイズでは、リラクゼーションをおろそかにしてはいけません。エクササイズ・プログラムにおいて、リラクゼーションは、メインのエクササイズと等しく重要なものです。

一般的なリラクゼーション

エクササイズ・プログラムには、必ずニュートラル・ポジション（P50-51参照）を組み

入れるようにしてください。数分間、この
ポジションで身体を休め、床の中に緊張が
吸いこまれていく様子をイメージしましょ
う。その後は、P207で紹介したリラクゼー
ション・ポジションとひざまずいて行うレス
ト・ポジション（P122参照）を交互に取
りいれるようにします。リラクゼーションを
している間は、意識をすべて呼吸に集中さ
せます。

ピラーティスと眠り

ピラーティスは自らのエクササイズ・メソッドを、
"身体と心の健康と幸福へ至る道" と定義してい
ます。最近のインストラクターは、エクササイズ
そのものに限定してアドバイスを行う傾向に
あるようですが、ピラーティス・エクササイズを行
えば、明らかに生活パターンにも変化が起こり
ます。例えば、定期的にエクササイズを行えば、
質のよい眠りを手に入れることができます。こ
れは反対から言えば、眠りのパターンがエクサ
サイズの効果に影響を与えることもあるという
ことです。身体を動かすことによって疲れた人
の身体は、座ってばかりで精神的な緊張を強い
られている人の身体より、より簡単に深く眠りや
すい状態になっています。毎日決まった時間に
十分な眠りをとることは、とくに抑制の効いたタ
イプのエクササイズを行う人にとっては、基本中
の基本です。

プログラム・プランナー

以下に紹介するエクササイズ・プログラムは、7日間で基礎的なエクササイズをバランスよく行うことができるようにデザインされています。少なくとも一度以上、このプログラムを繰り返せば、基本的な筋力とテクニックを身につけることができるはずです。それぞれのセッションはどれも、呼吸とアライメントのエクササイズからはじまって、"身体を目覚めさせる"エクササイズを含み、ハムストリングと太腿のストレッチ、そしてクールダウンへと進みます。柔軟／伸展、ストレッチ／強化といった、異なったタイプのエクササイズを取りいれて、バランスをとりたいのなら、このプログラムに、そういった要素を取りいれることもできます。

Day	グループ1	グループ2	グループ3
1	ブリージング・エクササイズ(P62)を行いながらアライメントのエクササイズ(P50参照)	頭と首の運動(P74)、肩の運動(P78)	スパイン・リフト(P86)
2	ブリージング・エクササイズ(P62)を行いながらアライメントのエクササイズ(P50参照)	頭と首の運動(P74)、肩の運動(P78)	ひざとひじの運動(P94)
3	ブリージング・エクササイズ(P62)を行いながらアライメントのエクササイズ(P50参照)	頭と首の運動(P74)、肩の運動(P78)	内腿の引き締め(P82)
4	ブリージング・エクササイズ(P62)を行いながらアクティブ・スタンディング(P126)	頭と首の運動(P74)、肩の運動(P78)	ペダリング(P138)
5	ブリージング・エクササイズ(P62)を行いながらアライメントのエクササイズ(P50参照)	頭と首の運動(P74)、肩の運動(P78)	スパイン・リフト(P86)
6	ブリージング・エクササイズ(P62)を行いながらアライメントのエクササイズ(P50参照)	頭と首の運動(P74)、肩の運動(P78)	ひざとひじの運動(P94)
7	ブリージング・エクササイズ(P62)を行いながらアクティブ・スタンディング(P126)	頭と首の運動(P74)、肩の運動(P78)	足首の回旋、ポワントとフレックス(P134)

エクササイズを続けるコツ

疲れていたり、気分がすぐれないときには、エクササイズを休むか、または体をほぐすエクササイズとストレッチだけを行ってください。エクササイズがハードすぎると感じたときには、いつでも基本のプログラムに戻ってかまいません。

毎日エクササイズできなくても大丈夫です。できるときにエクササイズするようにしましょう。ただし、上達のスピードがそれだけ遅くなるのはやむをえません。

グループ4	グループ5	グループ6	グループ7
アブドミナル・カール（P102）	背中のストレッチ（P106）とレスト・ポジション（P122）	大腿四頭筋のストレッチ（P118）、ハムストリングのストレッチ（P98）	胸を広げる（P202）
お尻のストレッチ（P90）	うつぶせで行う内腿の引き締め（P114）	大腿四頭筋のストレッチ（P118）、ハムストリングのストレッチ（P98）	全身のストレッチ（P206）
アブドミナル・カール（P102）	背中のストレッチ（P106）とレスト・ポジション（P122）	大腿四頭筋のストレッチ（P118）、ハムストリングのストレッチ（P98）	ロール・ダウン（P130）
ロール・ダウン（P130）	足首の回旋、ポワントとフレックス（P134）	大腿四頭筋のストレッチ（P118）、ハムストリングのストレッチ（P98）	全身のストレッチ（P206）
お尻のストレッチ（P90）	背中のストレッチ（P106）とレスト・ポジション（P122）	大腿四頭筋のストレッチ（P118）、ハムストリングのストレッチ（P98）	胸を広げる（P202）
アブドミナル・カール（P102）	うつぶせで行う脚のストレッチ（P110）	大腿四頭筋のストレッチ（P118）、ハムストリングのストレッチ（P98）	レスト・ポジションでのブリージング・エクササイズ（P122）
ひざとひじの運動（P94）	うつぶせで行う内腿のストレッチ（P114）	大腿四頭筋のストレッチ（P118）、ハムストリングのストレッチ（P98）	ロール・ダウン（P130）

パーソナル・プログラム

意志を強くもつ
強い意志で、プログラムにそって、
忠実にエクササイズを行いましょう。

前のページで紹介したプログラムは、いろんなエクササイズをバランスよくとりいれることができるようにデザインされています。7日間、1クールを基本としていますが、毎日エクササイズできない場合は1日おきにエクササイズするようにしてください。ペースはゆっくりでも、必ず上達します。さらに高度なエクササイズに進む前に、7日間のプログラムを必ず少なくとも1回以上こなすようにしましょう。

より時間をかけたセッション

毎日のプログラムは短時間でこなすことができるようにデザインされています。なぜなら、毎日長い時間をかけてセッションをする時間的な余裕のある人は、そう多くないからです。もし時間とエネルギーがあるなら、プログラムに加えて、さらにいくつかの基本的なエクササイズを行ってもかまいません。しかし、心にとめておいてもらいたいのは、すべてのエクササイズを均等に行い、けっして疲れすぎないようにすることです——疲れすぎは、かえって逆効果です。エクササイズを長く行えば行うほど、さらに効果的に筋力を高めることができますが、少なくとも2週間以上は、基本エクササイズをするようにしてください。でなければ、身体に新しい習慣を覚えこませることはできません。

さらに上達するために

14日後には、あなたは自分のプログラムを見直したくなるかもしれません。そのときには140ページの自己診断ガイドラインを参考にして、次に進むかどうかを決めるようにしましょう。もしエクササイズを増やしていく準備ができたと思ったなら、追加のエクササイズ（右の表を参照）のリストから、どれか一つを選んで、毎日のエクササイズに加えるようにしてください。後で、そのエクササイズをもっと高度なものに置き換えてもかまいません。ただし、一つのセッションに新しく加えるのは一種類が限度です。徐々に、プログラムに新しいエクササイズをとりいれていくのが理想です。

追加のエクササイズ

次に示したさらに高度なエクササイズは、準備ができ
たと思ったときに自分のプログラムに加えるようにし
てください。

四つん這いの呼吸 (P146)

ターンアウト・ニー・レイズ (P162)

腕の運動と回旋 (P186)

スプリング (P190)

座って行うわき腹のストレッチと回旋 (P194)

太腿の両側を鍛える (P198)

どのエクササイズを組み合わせるか？

基本のエクササイズ	高度なエクササイズ
スパイン・リフト (P86)	腕を上に伸ばして行うスパイン・リフト (P150)
アブドミナル・カール (P102)	さらに高度なアブドミナル・カール (P166)
	ハンドレッド (P170)
	ダイアゴナル・ショルダー・レイズ (P174)
背中のストレッチ (P106)	ジャベリン (P182)
お尻のストレッチ (P90)	ダブル・ニー・リフト・アンド・ロール (P154)
うつぶせで行う脚のストレッチ (P110)	ダイアゴナル・ストレッチのバリエーション (P178)
うつぶせで行う内腿の引き締め (P114)	ジャベリン (P182)
ロール・ダウン (P130)	スプリング (P190)
ハムストリングのストレッチ (P98)	座ったままで行うハムストリングのストレッチ (P158)

基本的な
エクササイズ

　この章で紹介するのは、ピラーティス初心者でも安全に行える基本的なエクササイズです。身体をのびやかにして、アライメントを整えていくと同時に、さらに高度なエクササイズを行う前のウォーミング・アップの役割も果たしてしてくれます。これらのエクササイズはけっして一朝一夕にマスターできるものではありません。自信をもってすべてのエクササイズができるようになるまでには数週間が必要でしょう。１回のセッションですべてのエクササイズを行うのは時間的にも無理なことです。

　すべてのエクササイズをバランスよく、定期的に行いましょう。だれにでも長所と短所があります。ですから、人によって、エクササイズの中に比較的たやすくできるものとむずかしく感じられるものが違うのはあたりまえのことです。まず、エクササイズを始める前にP36の注意事項を読んでください。

首の筋肉をほぐす

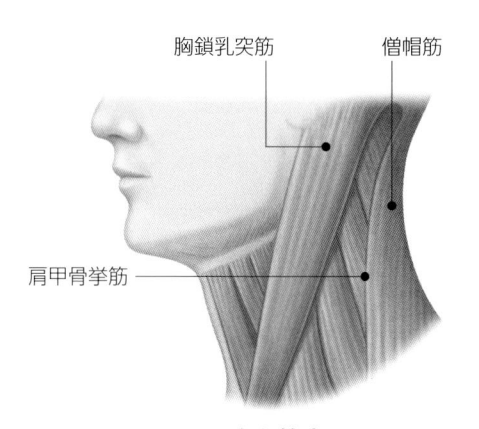

胸鎖乳突筋　　　僧帽筋

肩甲骨挙筋

主な筋肉
首を支えて、動きをコントロールしているのは、
頭蓋骨、椎骨、鎖骨、肩甲骨に接合した筋肉です。

ピラーティス・エクササイズを行うと、首が長くなり、頭の重みを完璧なバランスで支えられるようになります。それによって見た目も美しくなり、首の筋肉や骨（頚椎）への負担を減らすことができ、背骨全体のアライメントも改善されます。

首の筋肉

首の動きをコントロールする筋肉は…
- 胸鎖乳突筋。耳から咽喉元に向かって走る筋肉で、表面の比較的わかりやすい位置にあります。頭を回したり、前に突き出したりするときには、この筋肉が働きます。

- 僧帽筋。一方の端は背骨の一番上の骨に、そして反対側の端は肩甲骨に接合しています。肩甲骨を上げるときに、この筋肉が働きます。
- 肩甲骨挙筋。頚骨と肩甲骨を結んで走る筋肉です。腕を動かすときに、肩甲骨を安定させる働きをします。

首のこり

座ってばかりで、ストレスの多い仕事をしている人の場合、どの首の筋肉もすぐに緊張して硬くなります。注意していると、心配事があったり、物事に集中しているときには、いつも肩が耳の方に向かって上がっていることに自分でも気づくはずです。こりをそのまま放置すると、次は肩が丸くなって、繰り返し頭痛や背中の痛みに悩まされることになります。首の筋肉を動かすことは、これらの問題の原因となるこりを和らげるのに大きな効果があります。首のこりをとりのぞけば、姿勢がよくなり、慢性的な不快感や苦痛も緩和されます。

首のこりを楽にする

首の筋肉を正しく使うために、まず必要なのは緊張を取り除くことです。なぜなら

緊張していると、首を自由に、正しく動かすことはできないからです。次のページで紹介するエクササイズはあおむけの姿勢で行います。あおむけでエクササイズをすれば、頭の重みを支える必要もありませんし、首の筋肉を伸ばしながら、無理なく動かしていくことができます。動きはすべて、ゆっくりと、そして意識を集中させて行います。頭や首をあまり早く動かしすぎると、筋肉が緊張したり、関節や頚椎の間にある椎間板に負担がかかる危険があります。

注意事項

首のエクササイズを行った際に、めまいやふらつき、痛み、あるいは腕や手の痺れやピリピリ感を感じたら、すぐにエクササイズを中止して、医師のアドバイスを受けてください。エクササイズによって、首の神経や血管を圧迫してしまったのかもしれません。

頭と首の運動

このシンプルな動きは、さらに高度なエクササイズの前に首の筋肉をリラックスさせる、準備運動のような役割を果たします。しばらく骨盤をニュートラルにして呼吸を整えてから、あおむけの姿勢で行いましょう。他のピラーティス・エクササイズ同様、このエクササイズも一見シンプルそうな動きにだまされてはいけません。きちんと効果的にエクササイズを行えているかどうかを知るために、身体の動きに意識を集中させましょう。エクササイズの間は、楽に、そして自然に呼吸をしてください。

1 視線をまっすぐに向け、ニュートラル・ポジション（P51参照）で横たわります。何度か息を吸ったり吐いたりを繰り返します。意識して首の筋肉をリラックスさせます。

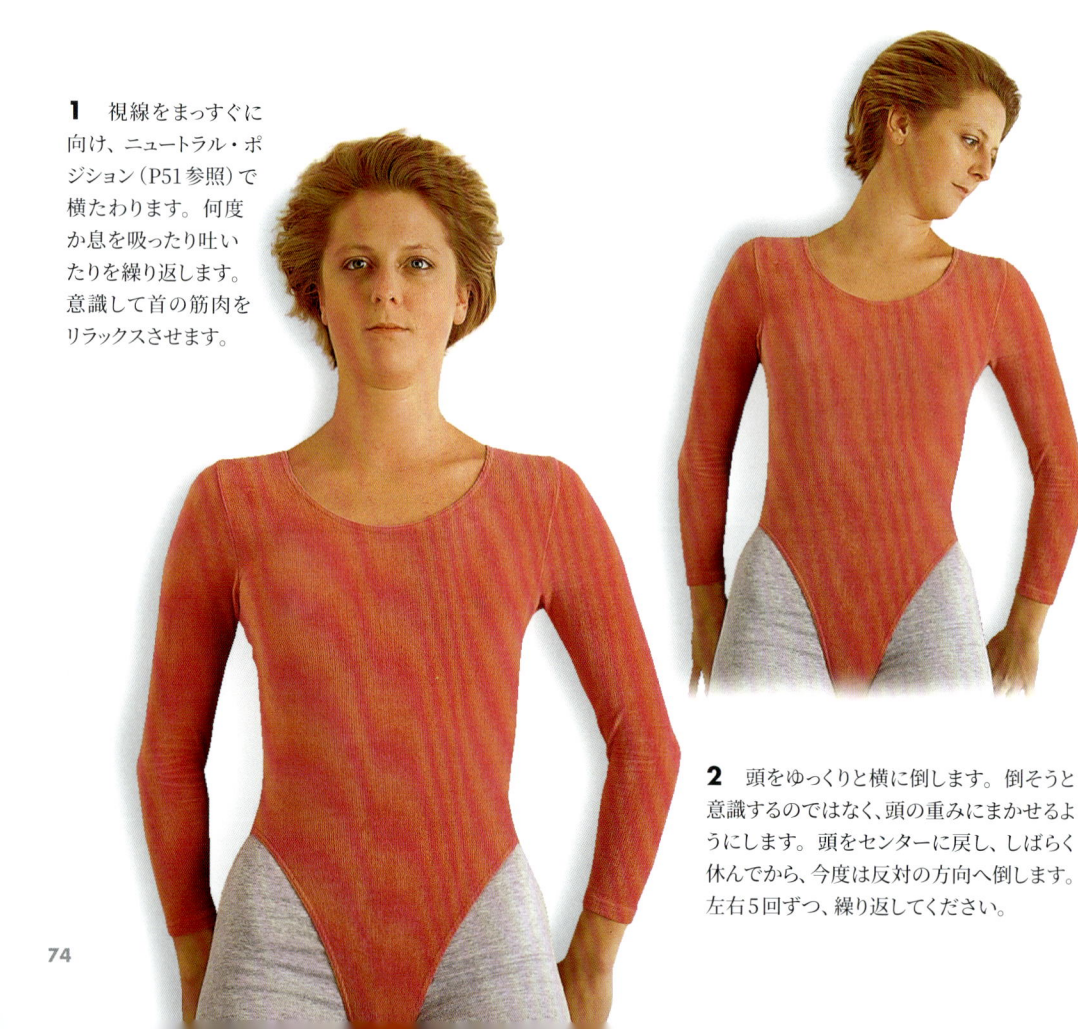

2 頭をゆっくりと横に倒します。倒そうと意識するのではなく、頭の重みにまかせるようにします。頭をセンターに戻し、しばらく休んでから、今度は反対の方向へ倒します。左右5回ずつ、繰り返してください。

3　最初のポジションから、あごを上げて、頭を後ろにそらすようにします。

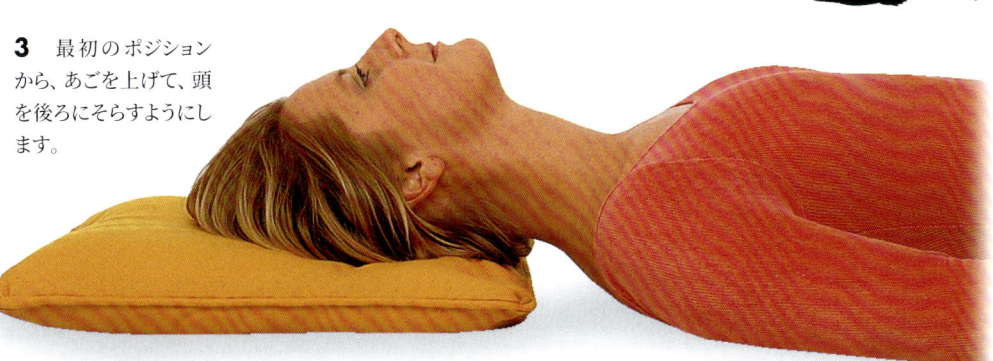

4　今度は、あごを胸にひきつけるようにして、ゆっくりと首の後ろを伸ばします。3と4を交互に5回ずつ繰り返してください。

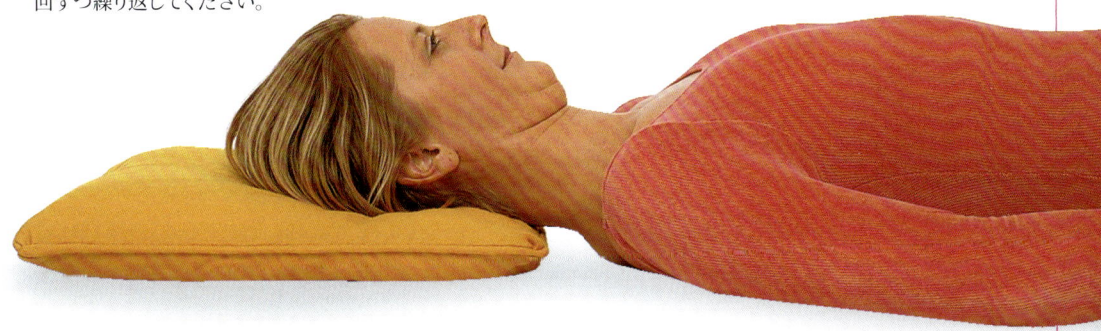

5　最初のポジションに戻り、しばらく楽に呼吸をします。

肩の緊張をとりのぞく

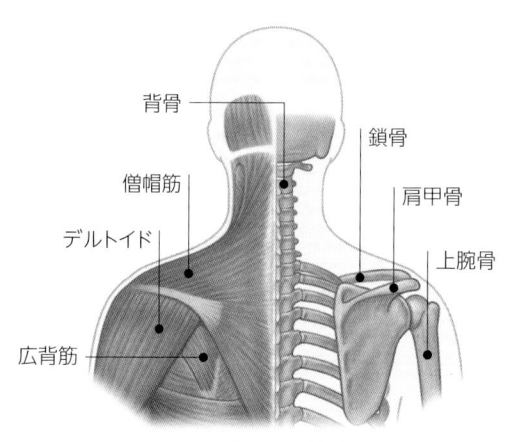

肩の骨と筋肉

肩の動きに関わる筋肉は背骨、肩甲骨、鎖骨、そして上腕骨に接合しています。

（図中ラベル：背骨、鎖骨、僧帽筋、肩甲骨、デルトイド、上腕骨、広背筋）

首まわりの筋肉がリラックスしたら、次は肩の緊張をとりのぞいて、アライメントを整えましょう。首や肩にどれだけ大きなストレスがかかっているかについては、すでにこの本の中で説明をしてきました。精神的なストレスを感じるたびに、肩の筋肉は硬くなり、それを何度も繰り返すうちに、やがて短くなって、最後には上半身のアライメントが崩れてしまいます。肩が丸くなると、胸を広げる動きが制限されて、呼吸が浅くなります。また、自分の背の高さに合わない机に長時間背中を丸めて座りつづけたり、いつも決まっ

た方の手で食料品の入った袋やブリーフケースなどを持ったりすることも、肩に負担をかけ、長い間には姿勢をゆがませて、上半身や腕の自由でバランスのとれた動きを妨げてしまいます。ただし心配は無用です。ピラーティス・エクササイズを行えば、肩を本来のアライメントに戻すことができます。

肩の緊張をとりのぞいたことで得られる効果

ピラーティス・エクササイズでは、肩はいつもリラックスして引き下げておくというのが基本です。肩が正しいアライメントにあれば、首から骨盤にかけて連なる背骨全身がすっきりと伸びます。肋骨の動きも自由になり、肺が大きく膨らむことができるために、呼吸も深くなります。エクササイズの間、肩が自由に動いて、しかも安定していると、腕の可動域が広がり、緊張が緩和されます。

目で見て確かめる

肩先は鏡で簡単に見ることができます。ですから、肩が丸まっていないかどうか、左右の高さが違っていないかどうかをチェックするのは比較的簡単です。肩を耳まで

すくめ、力を抜いて一気に下ろす動きを何度か繰り返すのも、肩まわりの筋肉をリラックスさせるよい方法です。

　しかしながら、肩甲骨の位置については、肩先のように鏡で見るわけにはいきません。緊張すると、肩甲骨は盛り上がり、それによって肩が丸くなってしまいます。肩のアライメントを修正するときには、まず肩甲骨をウエストに向かって "引き下ろす" ことを心がけるようにしましょう。一旦、この感覚をつかんだら、今度は、いつでも肩を "引き下ろす" ことを心がけるようにしましょう。十分ごとに、肩甲骨が引き下げられているかどうか、チェックするようにすれば、肩が上がりそうになったときも、すぐに気づくことができるようになります。

肩の筋肉をほぐす

肩のアライメントを整える最初のエクササイズは、とてもシンプルなものです。まずは腕を垂直に伸ばして下ろす、この動きで肩の緊張を解き、自然なアライメントに戻します。それから頭の上に腕を伸ばします。これらの動きはすべてあおむけで行うようにしましょう。あおむけになれば、身体の他の部分を支える必要がないので、肩だけに意識を集中させることができます。もし必要なら、頭の下にたたんだタオルか、薄いクッションを置くようにしましょう。

1 横になり、腕を身体の脇に自然に横になり、頭からつま先まで、どこも緊張せず、のびのびとリラックスしている様子をイメージしてください。胸郭に息を吸い込みながら、まるで指先にくくりつけられた紐で上にひっぱられているように、手をまっすぐに天井に向かって伸ばします。ただしひじは緊張させず、リラックスしたままです。

2 もう一度息を吸って、左右どちらかの腕をさらに上へと伸ばし、床から肩甲骨を持ち上げます。

3 息を吐き、腕を上げたまま肩甲骨を床に戻します。肩の位置が変わるのを感じてください。左右を変えて、同じ動きを交互に5回ずつ繰り返します。

4 腕をニュートラル・ポジションに戻します。息を吸って、体幹の筋肉を引き締めます。息を吐きながら、左右どちらかの腕を頭の上にむかって上げます。ひじは伸ばしますが、柔らかなままです。

5 背中が痛くないところまで、腕をできるだけ床に向かって下ろしていきます——初心者なら、普通は耳のところぐらいまで下ろすことができるはずです。肋骨と肩甲骨はウエストに向かって、引き下げておきます。息を吸いながら、腕を元に戻します（注意：床までスムーズに腕が下ろせないという場合には、頭の下にクッションをおき、まずはそのクッションまで腕を下ろしてから、数回呼吸を繰り返し、リラックスしてから床まで下ろすようにしましょう）。反対側の手でも同じことを行い、左右交互に5回ずつ繰り返します。

エクササイズの間中、上半身を安定させることに集中する

肩は意識してリラックスさせ、引き下げておく

内腿を独立して動かす

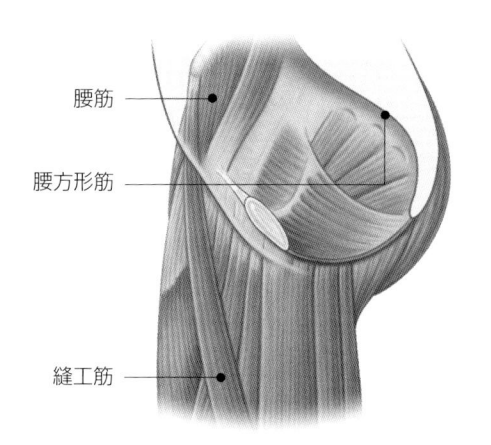

内腿の筋肉
脚を自由に動かすために、
内腿の筋肉は強く、
しなやかでなければなりません。

腰筋

腰方形筋

縫工筋

エクササイズの中でキー・ポイントとなる、それぞれの筋肉群の場所をはっきりと認識し、その部分の筋肉を独立させて動かすテクニックは"アイソレーション"と呼ばれます。私たちの多くは、無意識のうちに身体を動かしています。つまり何か動作を行っている最中に、自分が正しい筋肉を使っているかどうかなどということは、ほとんど意識しません。思考の流れを分断されることのないように、無意識に、いつものパターンにしたがって身体を動かすのです。しかし、だからといって、その無意識の動きが、いつも正しい筋肉を使った無駄のないものだとは限りません。それどころか、不必要な筋肉を使って、わざわざ疲れを作り出していることさえあるのです。

ピラーティス・エクササイズを行うと、以前より自分の身体の動きを意識するようになります。自分が意図する動きをするためには、どの筋肉をどのようにコントロールすればいいのかがわかるようになるのです。その結果として、動きはだんだんと無駄がなく、無理のない、優雅なものになりますし、行き当たりばったりの動きが少なくなるため、ケガも少なくなります。つまり以前よりも身体と動きについて、自分の力でコントロールできるようになるのです。

内腿と骨盤

数ある筋肉群のなかでも、長い間あまり使われることがなく、それゆえほとんどの人が自分でコントロールできなくなってしまっている筋肉があります。それは内腿と骨盤底の筋肉です。これらの筋肉を引き締めようとする場合、多くの人はその周辺の筋肉まで一緒に硬くしてしまいますが、それでは骨盤底と内腿の筋肉だけを使ったときに、背骨が伸びて、骨盤が安定するという効果を台無しにしてしまいます。

　　82-83ページで紹介するエクササイズ
は、今まで忘れられていた内腿と骨盤底の
筋肉を鍛えるために、特別にデザインされ
たものです。これらの筋肉を働かせるのは
簡単なことではありませんが、それゆえにこ
のエクササイズは、集中力や身体への意識
を高めるのにとても有効です。

　　エクササイズは "筋肉のガードル" の一番
下の部分を鍛えるようにデザインされてい
ます。ピラーティス・エクササイズを始めた
ばかりのときには、一所懸命になるあまり、
身体全体を使ってエクササイズを行い、上
半身や肩を緊張させてしまいがちです──
大切なのはリラックスすることです。エクサ
サイズを行っている間、上半身と首をリラッ
クスさせるように自分自身に言い聞かせま
しょう。そしてあご、首、そして肩が緊張し
ていないかどうか、定期的にチェックをする
ようにしましょう（P76参照）。腿の付け根
や前面も、不必要な緊張を生じやすい部分
です。エクササイズを行っている間、腿が
リラックスして、柔らかいかどうかを何度か
チェックするようにしましょう。

丸めたタオル
適当なクッションがないときには、
固めに丸めたタオルを
エクササイズに使いましょう。

内腿の引き締め
このエクササイズは、ひざの間に固めのクッションか、丸めたタオルをはさんで行います。大事なのは、骨盤をニュートラルにして、あおむけに横たわった状態から始めること（P48-51参照）、肩甲骨をリラックスして引き下げること、そして背骨全体をすっきりと伸ばすことです。一見すると、動きはシンプルに思えるかもしれません。しかし、必要な筋肉だけを動かして、完璧に正しくエクササイズを行えるようになるまでには、時間と練習が必要です。エクササイズを何度も繰り返し、そのたびに自分が正しく行えているかどうかをチェックしてください。上半身や、お尻を緊張させてはいけません。

1 ニュートラル・ポジションで横たわり、ひざの間にクッションか丸めたタオルを挟みます。

2 息を吸います。吐くときに、骨盤底を引き締め、お腹をへこませて、内腿の筋肉だけを使い、ひざに挟んだクッションを両側から押します。目標は十数える間、息を吐きながら、クッションを押しつづけることです。この動きを6回繰り返します。

上半身は
リラックス

ひざと足をぴったりとくっつける

上から見ると、ひざ、足首、足がくっついているのがわかるでしょう。エクササイズの間中、この脚のアライメントを崩さないように注意してください。脚のアライメントが変わると、骨盤のアライメントも変わってしまいます。

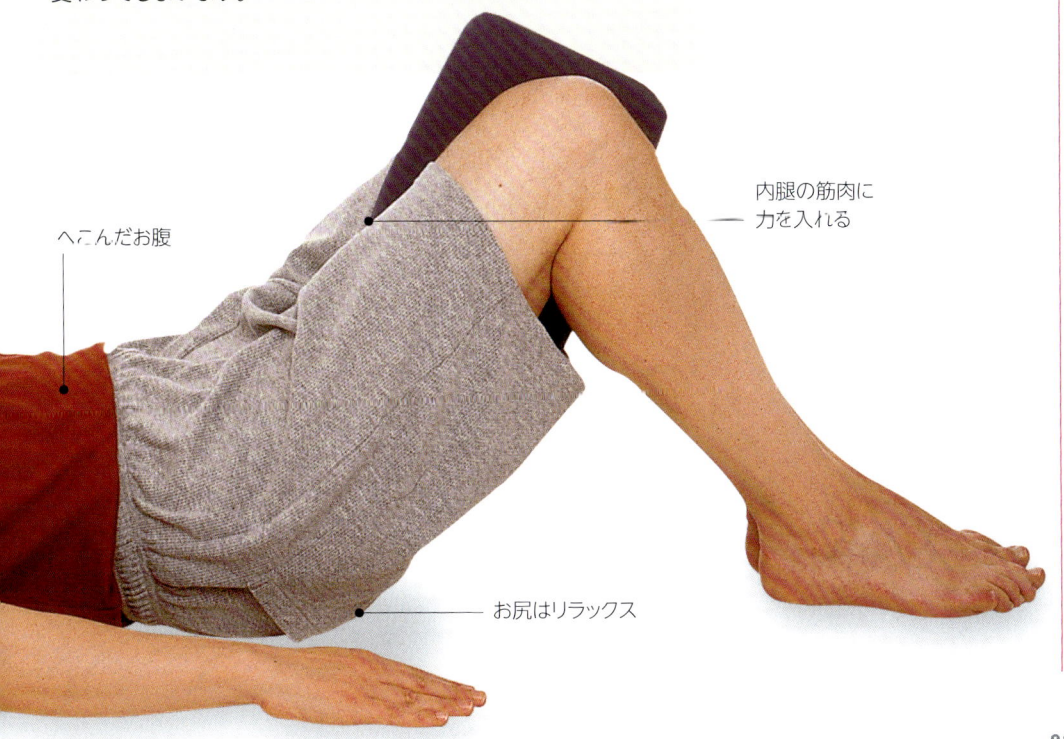

へこんだお腹

内腿の筋肉に力を入れる

お尻はリラックス

下背部の筋肉を働かせる

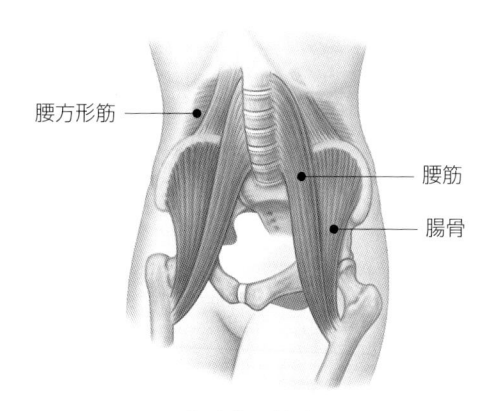

腹腔内の筋肉
ピラーティスの背中とお腹のエクササイズを
行えば、腹腔内の筋肉を引き締め、
鍛えることができます。

腰方形筋

腰筋

腸骨

大人になるころには、私たちの多くは子どものころのような背骨のしなやかさを失ってしまいます。身体をほとんど動かさず、座ってばかりの生活がつづくと、背中の筋肉や靭帯が硬くなります。身体が硬くなるとケガもしやすくなり、慢性的な背中の痛みに悩むことになります。アスリートや何らかの形の肉体労働をしている人のように、比較的身体を動かすことの多い人でさえ、偏った筋肉の使い方によって、背中に緊張が生じることは少なくありません。

弱い腹筋、弱い背筋

背骨の可動域が狭くなると、必ずといっていいほど、腹筋が弱くなります。よく動く腹筋は、立っていても座っていても、身体を動かしている間、背骨の動きをコントロールして、守ってくれます。だからこそ、ピラーティスの背中を鍛えるエクササイズに、必ず腹筋と体幹の筋肉を鍛えるものが含まれているのです。

骨盤の傾けからスパイン・リフトへ

P50-51に紹介したアライメント・エクササイズを行った人は、背骨と骨盤をニュートラルにするテクニックを身につけているはずです。次のページで紹介するスパイン・リフトは、この骨盤と下背部のアライメントの意識をもとにして行うものであり、下背部の動きを無理のないしなやかなものにしてくれます。このエクササイズで重点を置いているのは、自分の骨盤にとってバランスのとれた、ニュートラルなポジションを知り——骨盤のニュートラルなポジションは人によって違います——なおかつ、エクササイズの間、体幹の筋肉を働かせて、そのポジションを維持するテクニックを獲得することです。そのために重要なのは、細心の注意を払って、指示どお

りにエクササイズを行うこと、そして何度も
何度も繰り返し行うことです。基本エクサ
サイズをはじめる前に、まずは時間をかけ
て、自分にとっての正しいポジションを見つ
けましょう。正しいやり方で行う1回は、ま
ちがったやり方で行う数回よりも、ずっと効
果があります。

イメージトレーニングの力

エクササイズを正しく行うために、イメージトレー
ニングはとても効果があります。それぞれに自
分にとって一番わかりやすいイメージを思い浮
かべるようにしましょう。Aさんにとって有効なイ
メージが、必ずしもBさんにとっても有効だとは
限りません（P58参照）。何をイメージしてもかま
いません。86-87ページで紹介したスパイン・リ
フトのエクササイズを行うときにも、自分にとって
わかりやすいものをイメージしましょう。

スパイン・リフト

どんなにピラーティス・エクササイズに熟練している人でも、定期的に基本のエクササイズに立ち戻ってみると、きっと大いに得るところがあるはずです。骨盤と背骨のアライメントを何度もチェックすることは基本エクササイズの一つですし、本書で紹介されている多くのエクササイズの中でも、スパイン・リフトの姿勢をとることが多くあります。スパイン・リフトは骨盤を正しいポジションに戻して、寝ているときにも、身体を動かしているときにも、アライメントを維持するために必要な体幹の筋肉を鍛え、体幹を安定させ、同時に背骨をしなやかで伸びやかにします。

1 床に横たわり、ひざを曲げ、脚を腰の幅に開いて、足の裏を床につけます。腕は身体の横に置きます。

2 息を吸います。次に息を吐きながら、骨盤を傾け、恥骨を上げて、下背部をフラットにします。骨盤底と腹筋は引き締めたままです。

体幹の筋肉は引き締める

首は楽に

3　息を吐くと同時に、骨盤を下げ、下背部を丸くします。このときも骨盤底と腹筋は引き締めたままです。次にニュートラル・ポジションに戻ります。何度か2と3の動きを繰り返して、骨盤がニュートラルになった状態の感覚をつかんでください。

4　ニュートラル・ポジションで、息を吸います。骨盤底を引き締め、お腹をへこませて、尾骨を床から少しだけ上げます。この動きを行うときは、尾骨から上背部まで、椎骨が一つずつ順番に床から離れていく様子をイメージしてください。太腿の筋肉をリラックスさせ、足の裏に体重を均等にかけます。

5　太腿と体幹が一直線上に並んだら、持ち上げるのをやめ、肩甲骨で身体を支えて休みます。このポジションを維持したまま、体幹の筋肉を緩めずに息を吸います。次に息を吐きながら、今度はゆっくりと椎骨を一つずつ床につけるようにして、お尻を下に下ろしていきます。このエクササイズを行っている間は、体幹の筋肉を使って、動きをコントロールします。

背骨の回旋

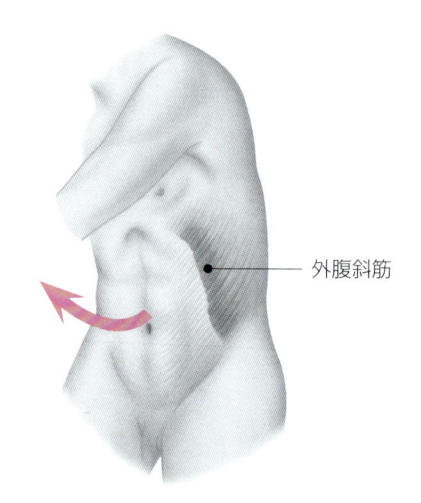

————— 外腹斜筋

ウエスト・ワーク
外腹斜筋のエクササイズは
ウエスト部分を鍛えて、引き締めます。

前のページで紹介したエクササイズ
は、背骨を前に倒したり（屈曲）、
後ろに反らしたり（伸展）すること
によって、強くしなやかにし、下背部を柔
軟にすることに重点を置いていました。し
かしながら、背骨にはもう一つの素質が
備わっています。それは、左右にひねる動
き、つまり回旋ができるということです（上
記の図参照）。この動きが柔軟にできれ
ば、骨盤を正面にむけて安定させたまま、
上半身を水平方向に左右に動かすことが
できます。

回旋の強化によって得られる効果

　回旋の動きをコントロールし、強化すれ
ば、背骨を無理にひねりすぎたことから起
こるケガを未然に防ぐことができます。こ
ういったケガは、体幹の筋肉が弱くて、背
骨が十分に支えられていない場合に起こり
がちです。例えば、身体をひねりながら食
料品の入った買い物袋を持ち上げる、食器
棚の中に置いたガラスのビンに手を伸ばす
といったようなごく日常的な動作を行うと
きでさえ、本来働くべき腹筋を使って、背
骨を守ることを学んでいなければ、簡単に
背中の筋肉を傷めてしまいます。

　背骨を回旋させるエクササイズは、きわ
めて重要です。回旋のエクササイズによっ
て、背中の中心部の緊張を緩和して、脇
腹とウエストの筋肉を伸ばすことができま
す。長い間同じ姿勢で座っていることが多
い人はこの部分が縮こまりがちですが、エ
クササイズを行って、少し身体を動かすだ
けで、ちょっとした痛みやこりならすばやく
解消することができます。背骨の回旋のテ
クニックを身につければ、身体が速やかに
ほぐれていくのを実感することができるで
しょう。

多目的エクササイズ

　ピラーティス・エクササイズの中には、ある特定の目的のためにデザインされたものもありますが、そういったものはむしろ例外であり、多くのエクササイズは、この回旋のエクササイズのようにいろいろな目的を持っています。このエクササイズでは、背中を柔軟に、伸びやかにすることに加え、骨盤の動きをコントロールするために必要な斜腹筋を鍛えることもできます。斜腹筋は、日常的な動作の中ではあまり使われることのない筋肉です。この部分を強くしなやかにすれば、ウエストの下の部分だけを使って身体を左右にひねっても、上半身を安定させておくことができるコントロール力が高まります。

エクササイズの効果

　回旋の主な効果の一つは、斜腹筋をストレッチして、鍛えることで、ウエストまわりを伸びやかにすることです。ウエストが伸びやかになれば、背骨の下部にかかるプレッシャーを減らし、年齢を重ねても、引き締まったウエストラインを維持することができます。ただし、すでに背中になんらかのトラブルを抱えている人は、このエクササイズを行うときには十分に注意するようにしてください。

お尻の運動

このエクササイズをはじめて行うときには、あまり多くを期待しないようにしましょう。シンプルに見えますが、これは正しく行うのがとても難しいエクササイズです。このエクササイズをうまくできたかは、どれだけひざを倒せたかではなく、どれだけ上半身の安定を維持しながら骨盤を独立させてコントロールできたかで測ることができます。エクササイズを行っている間に守ってもらいたいのは、ひざとくるぶしは常にくっつけておく（二本の脚がくっついて一本になった様子をイメージして）こと、両肩を床につけておくこと、そして常に体幹を引き締めておくことです。

1 ニュートラル・ポジションで床に寝て、腕を両側に広げます。

2 ひざとくるぶしをぴたりとつけ、息を吸いながら、体幹の筋肉を引き締めて、お腹をへこませます。

3　息を吐きながら、腹筋を使って左のお尻を持ち上げ、ひざを右に倒します。ひざとくるぶしは常にくっつけたままです。右足の外側は床につけておきます。左足は床から完全に離します。両肩は床につけ、左肩が床から上がりそうになるぎりぎりのところでとめます。

4　息を吸って、再び吐きながら、脚をセンターに戻します。すべての動きを体幹の筋肉でコントロールします。反対側で同じ動きを繰り返します。左右5回ずつ行ってください。

骨盤と足を独立して動かす

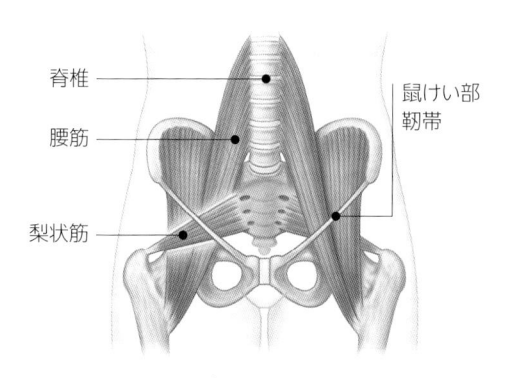

ヒップ・コントロール
足の動きは、股関節を取りまく、
複雑な筋肉と靭帯の組み合わせによって、
コントロールされています。

脊椎

腰筋

梨状筋

鼠けい部
靭帯

あなたが目指す目標の一つは、骨盤を安定させて、股関節と脚を最大限に自由に動かせるようになることです。歩くときに、多くの人は脚を動かそうとします。つまり、もともと歩くためにあるお尻の筋肉を動かすのではなく、骨盤の動きを利用しようとするのです。このような歩き方をすると、骨盤のアライメントはゆがみ、お尻を緊張させてしまいます。なぜならお尻の動きを十分に使っていないからです。骨盤を安定させ、股関節を十分に動かすと、動きに無駄がなくなり、それゆえに疲れも少なくなります。また身体のバランスがぐっと良くなり、身のこなしも優雅

になります。

ピラーティスのエクササイズを行っていくうちに、身体が安定するということと、身体全体が緊張してぎこちないこととは、まったく別物だということに気がつくはずです。筋肉を緊張させるのではなく、引き締めることによって、身体の一部を安定させるのです。これができるようになると、何の制限もなく、リラックスして自由に筋肉を動かすことができるようになります。このテクニックを身につけるための王道はありません。しかし、細かな点にまで指示に従って、定期的にエクササイズを行えば、身体の各部の筋肉を独立して動かし、安定させることができるようになるまで、それほど時間はかからないでしょう。それと同時に、少しも緊張させることなく、きわめて重要な体幹の筋肉を引き締める感覚をつかむこともできるはずです。

お尻の動きを自由に

次のページで紹介するエクササイズでは、骨盤と独立して、脚を左右前後に自由に動かすコントロール力を養います。このエクササイズが目指しているのは、それぞれの脚をできるだけ遠くに動かせるようになることではありません。しかし、エクササ

イズを行っていくうちに、筋肉と靭帯が伸びやかになり、以前よりも大きく脚が動くことに気がつくはずです。最終的な目標は、骨盤をまったく動かさないまま、脚を動かすことができるようになることです。脚がどれだけ上がるかは問題ではありません——それはこのエクササイズで、一番気にしなくていいことです。

　実際、このテクニックに必要なのは集中力（緊張はせずに）と、そして筋力よりも自分の身体をよく知ることです。最初のうちは、難しく感じられるかもしれませんが、忍耐強くエクササイズを続けましょう。ひざの運動は、内腿の筋肉を強く伸びやかにする効果もあります。しかし、まずは骨盤を安定させることができなければ、その効果も堨れてきません。

ひざとひじの運動

このエクササイズは、横たわった姿勢で、骨盤をニュートラル・ポジションにして行います。数秒間、横たわったまま、アライメントの意識をあらたにします。足の裏のバランス・ポイントに均等に体重をかけましょう。首が伸び、肩が十分に引き下げられて、リラックスしていることを確かめてください。エクササイズの間、首から尾てい骨にかけて、すっきりと背骨が伸びている感覚を維持するようにしましょう。

1 ニュートラル・ポジションからエクササイズを始めます。息を吸います。

2 息を吐きながら、右のひざをゆっくりと、床に向かって倒します。右のひざを倒している間に、腹筋を働かせて、骨盤と左のひざが動かないようにします。左足をあまり強く床に押しつけすぎないようにしましょう。

3　息を吸いながら、ゆっくりとひざをセンターに戻します。そして反対側の脚でも同じ動きをします。左右それぞれ5回ずつ繰り返します。

足はリラックス

安定した
骨盤

4　ニュートラル・ポジションに身体を戻したら、息を吸って、つぎに息を吐きながら右の脚を上げ、ゆっくりと床から足を離して、床から30センチくらいのところで静止させます。ひざの角度は直角のままです。股関節の動きに神経を集中させ、骨盤を安定させます。次の呼吸で足を床に戻したら、反対側で同じ動きを繰り返します。左右それぞれ5回ずつ、同じ動きを行います。

骨盤の動きを自由に

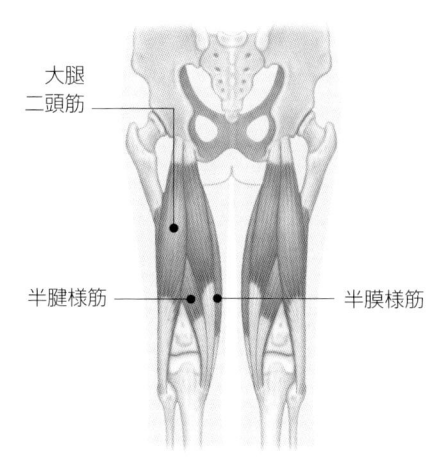

ハムストリングの位置

三本のハムストリングが骨盤から、
太腿の後ろにかけて伸びています。

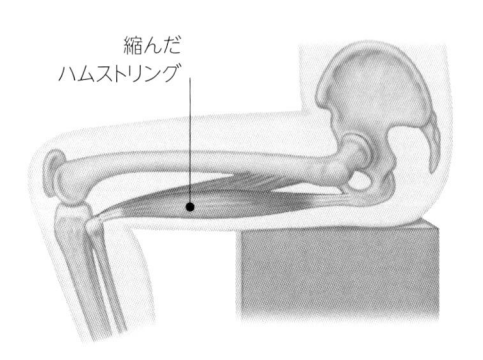

短くなったハムストリング

長い間縮んだままだと、
ハムストリングは短く、硬くなります。

　　れまでのページでは、なぜピラーティスが身体の自由と柔軟性と同様に、強さと安定をバランスよく身につけることを目標にするのか、その理由を述べてきました。これからのページで紹介するエクササイズでは、ハムストリングの筋肉を伸びやかに動かすテクニックを学びます。

ハムストリングって何？

　ハムストリングとは、骨盤の後ろからひざに向かって走る三本の筋肉を指します。これらの筋肉を使うのは、ひざを曲げるときです。座ってばかりいると、ハムストリングは縮んで、しなやかさを失います。左の図のようにひざが曲がると、筋肉は"ナマケモノ"になります——リラックスはしていても、伸びていません。その結果、ひざをめいっぱい伸ばす動作をした際に、動きが制限されます。これはしばしば西洋人の成人の多くが、脚を投げ出して床に座ろうとするときに、違和感を訴えることでもよくわかります。ハムストリングが短くなると、骨盤がひっぱられ、アライメントが崩れて、背骨がゆがみ、腰椎がフラットになります。

辛抱強く

　今までハムストリングを意識したことな

んてなかったという人は、最初の数回のエクササイズで大きな効果は期待しないことです。ハムストリングは、数週間、あるいはそれ以上の期間をかけて、定期的にゆっくりと伸ばしていくことが必要です。できるだけ早く効果をあげようとして、気持ちいいと感じられるポイントを通り越し、無理にストレッチを行っても、けっしてよい効果は望めません。それどころか、筋肉がダメージを受け、エクササイズを始める前より、もっと硬くなってしまうこともあります。どんなエクササイズでも、ストレッチはゆっくりと時間をかけて、筋肉を伸ばしていくのが正しいやり方です。そうすればストレッチを行ったときに、痛みを感じることもありません。また、息を吸いながらストレッチすると、筋肉を伸ばしたときの違和感を緩和することができます。

反動をつけないように

さらに筋肉を伸ばそうとして、動きに弾みをつけることは絶対にやめてください。これはまったくの逆効果です。なぜなら筋肉は過度の負担がかかると、自らをダメージから守ろうとして、縮んでしまうからです。ですから、最大限の効果を引き出すためにも、ストレッチはゆっくりと時間をかけて行うようにしましょう。

スカーフ
ストレッチを行うときには、
エクササイズ・バンドを使いますが、
スカーフを使っても同じ効果を
得ることができます。

ハムストリング・ストレッチ　ピラーティス・エクササイズ

では、ハムストリング・ストレッチはあおむけの姿勢で行います。あおむけになること
で、身体を支え、よりリラックスした体勢でエクササイズを行うことができるからです。
このエクササイズには、長めのマフラーやエクササイズ・バンドを使います。ストレッチ
を効果的に行うためには、筋肉がリラックスしてなければならないということを、心に
とめておきましょう。しかしながら、リラックスするというのは、けっしていい加減に行
うという意味ではありません。他のピラーティス・エクササイズ同様、ストレッチも正
確に行うことが必要です。両方の脚は、均等の力でストレッチするようにしましょう。

1　ニュートラル・ポジションで横たわり、右のひざ
を曲げて、足にエクササイズ・バンドかマフラーをか
けます。マフラーの端を両腕で持ちます。腕は脇
から少し離しておきます。ひじから手首、そしてマフ
ラーが一直線上に並んだ様子をイメージします。

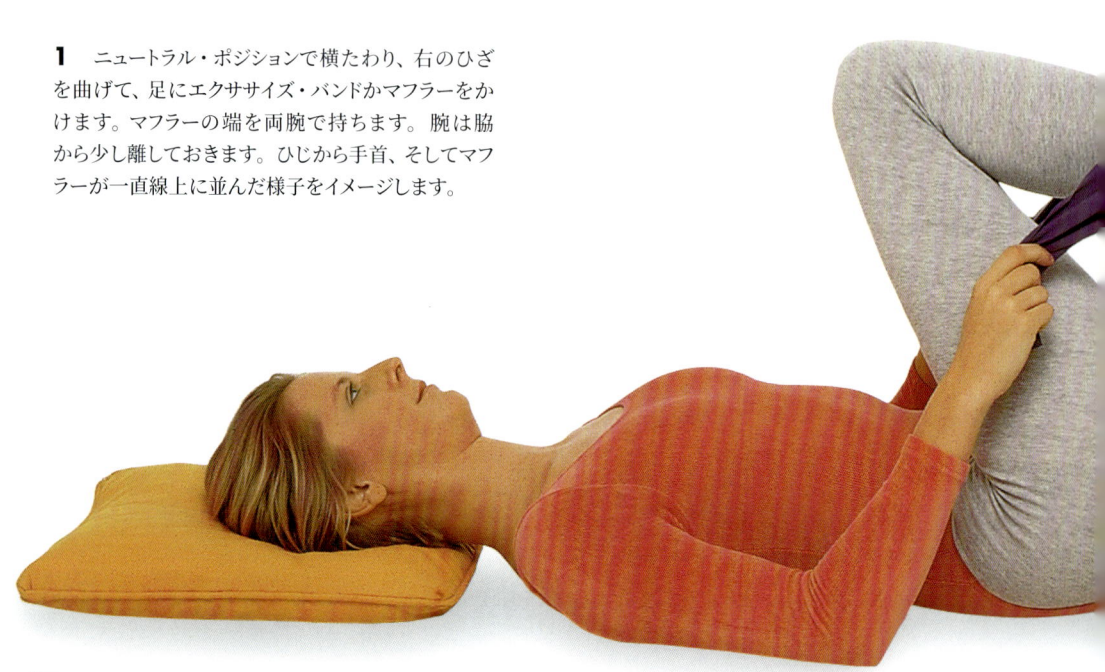

2　息を吸います。息を吐きながら、バンドを手前に引き寄せると同時に、その抵抗に逆らって脚を伸ばします。かかとは天井に向け、気持ちのいいところまで、床から垂直に脚を伸ばしてください。ひざは柔らかいままです。ストレッチの間中、リラックスして呼吸します。全身をリラックスさせ、左足に体重を均等にかけて、身体を支えます。左脚でも同じことを行います。

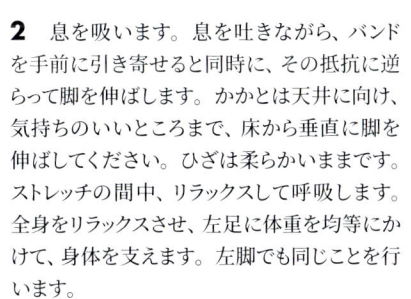

上から見た図

上から見ると、ひじが少し離れたところにあるのがわかるはずです。また脚はお尻からまっすぐ上に上げます。身体を支えているほうの脚は、身体と一直線になるようにします。

腹筋を鍛える

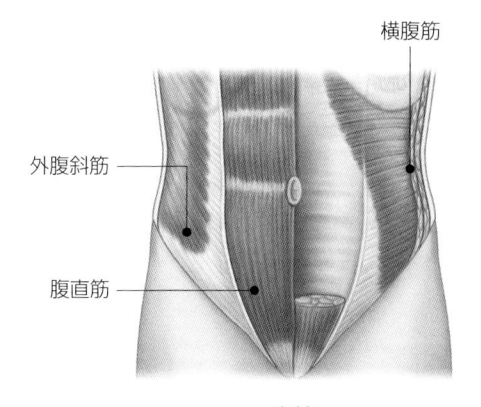

外腹斜筋

腹直筋

横腹筋

腹筋
腹筋は背中を含む胴全体を支えます。

こ れまでのページで説明してきたことからもわかるように、身体のコントロール力をつけるためには、腹筋を鍛えることが必要不可欠です。実際のところ、ピラーティス・エクササイズはすべて、多かれ少なかれ体幹の筋肉を使います。しかしながら、中には、お腹周辺の筋肉を鍛えることに特に重点を置いてデザインされたエクササイズもあります。次のページで紹介するアブドミナル・カールは、ピラーティスでも非常に重要なエクササイズです。このエクササイズを定期的に行えば、筋力とコントロール力をつけることができます。

いろいろな筋肉

　従来のシットアップは、シックスパックとして知られる、お腹の真ん中を垂直に走っている腹直筋を鍛えることに重点を置いています。腹直筋は、頭と脚を身体の中心に向かって上げるときに使う筋肉です。ピラーティスのカールでは、腹直筋に加えて、お腹の中心から水平に走る横腹筋を鍛えることもできます。複雑な筋肉の動きが組み合わさることによって、お腹は平らになります。アブドミナル・カールは、背中を支えるお腹の深層部の筋肉も引き締めます。

　使わなければ、腹筋はすぐに退化してしまいます。また体重が増えすぎたり、姿勢が悪くても、たるむことがあります。肥満も悪い姿勢も、筋肉を伸ばして、弱くしてしまうからです。なかには、腹筋がよく発達しているように見えても、効果的に背中やお腹を支えていないという場合もあります。おへそを背骨に引き寄せないままに、腹筋のエクササイズを行ったときにも、同様の事態が起こる可能性があります。腹直筋はエクササイズを行っても、容易に引き締めることのできない筋肉です。腹直筋が外側に膨らむと、横筋を完全に引き締めることができなくなります。

腹筋を強くする

　アブドミナル・カールには、集中力と細やかな配慮が必要です。正しく行えば、アブドミナル・カールはお腹を引き締め、平らにしてくれます。気をつけなくてはならないのは、自分の筋力以上に無理をしてエクササイズを行わないことです。無理をすると、動きを正確に行うことができなくなり、その結果、背中や首が緊張して、間違った筋肉を使ってしまうからです。カールの間、お腹をへこませていれば、背骨は守られ、腹直筋と横腹筋は同時に正しく動きます。へこませたお腹を維持できなくなったら、すぐにエクササイズをやめてください。

アブドミナル・カール

このエクササイズにはいろいろなバリエーションがあります。ピラーティスのクラスに参加した場合には、インストラクターによっては、ここで紹介するものと、若干違ったエクササイズを行う場合もあるでしょう。しかしながらすべてのピラーティスのアブドミナル・カールに共通する二つの要素があります。それはエクササイズの間中、お腹をへこませていること、そして吐く息とともにエクササイズを行うことです。頭を上げるときには、自分の頭を床から弧を描くように上げていく様子をイメージするといいでしょう。ただし無理はしないように注意してください。

1 ニュートラル・ポジションであおむけに寝ます。両方の手を頭の後ろに添えてください。カールの間、手は頭の重みを支えるために軽く添えるだけです。手で首を持ち上げようとしないでください。

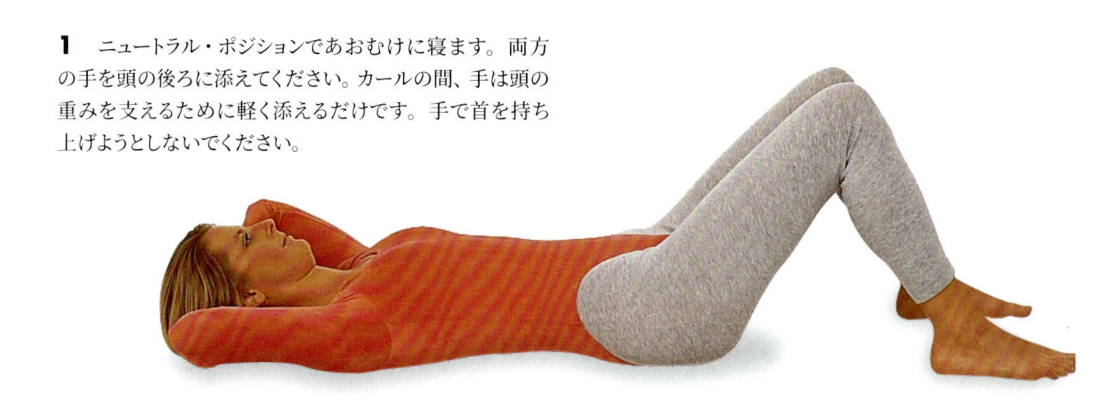

2 息を吸い、吐きながら、骨盤底を引き締め、お腹をへこませて、あごを胸にひきつけ、カールをはじめます。椎骨の一つ一つが順番に床から離れていく様子をイメージしてください。あごがニュートラルなポジションにあって、首とのどがリラックスし、肩が引き下がっていることを確認してください。身体の中心に向かって、身体を上げていきます。上背部の肋骨と筋肉を、おへそと下腹部に向かってひきつけます。骨盤底は引き締めたままです。

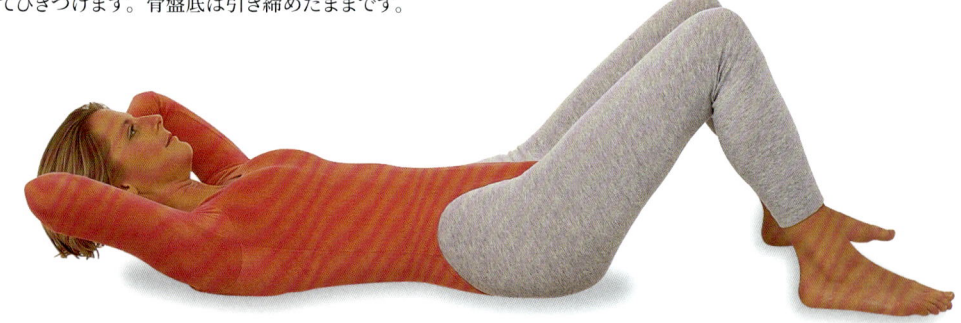

リリース

アブドミナル・カールを決められた回数だけ終えたら、リリースのポジションをしましょう。ひざを抱えて、胸に向かってひきつけます。細く長く息を吐きながら、背骨を伸ばし、腹筋をリラックスさせます。

3　息を吐きながら、できるだけ身体を起こしたら、そのままの姿勢を維持して、息を吸います。再び息を吐きながらゆっくりと身体を元に戻します。お腹はへこませたままにして、すべての動きを腹筋でコントロールします。同じ動きを6回繰り返してください。

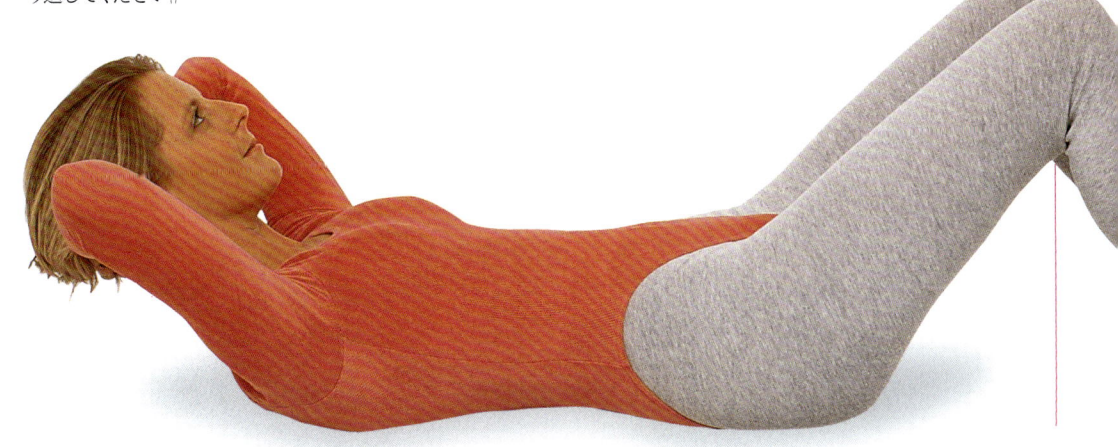

身体の前面を鍛える

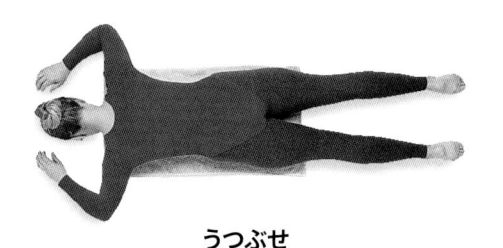

うつぶせ
身体の前面の筋肉を鍛えるエクササイズの
ほとんどは、うつぶせから始めます。

次に紹介するのは、顔を下にして横たわる、いわゆるうつぶせの状態で行うエクササイズです。この姿勢をとると、背中側の肋骨を広げて、肺に空気を取り込む感覚がよりわかりやすくなります。肩甲骨の位置にも意識を集中できるので、それらが正しいポジションにあるときの感覚をつかむことができるはずです。うつぶせは、背筋を伸ばすエクササイズをするのに最適のポジションです。背筋を伸ばすことによって、背骨と椎骨の後ろに接合している起立筋を鍛えることができます。

身体の意識

エクササイズを始める前に、しばらくうつぶせに横たわり、そのままの状態でアライメントを整えましょう。ここにチェックすべきポイントをリストアップしておきます。

● 脚はお尻の幅に開いて平行に伸ばす
● 骨盤は平らにする
● お尻とお腹はリラックスさせる

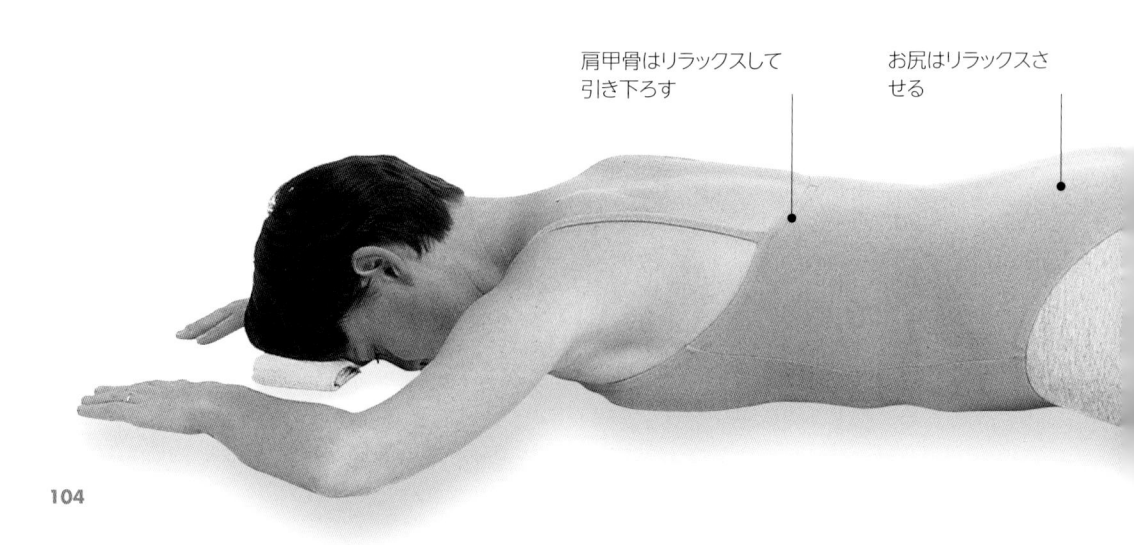

肩甲骨はリラックスして
引き下ろす

お尻はリラックスさ
せる

- 骨盤の骨を床に押しつける
- 肋骨は下に向かって引き下ろすように、リラックスさせる
- 肩甲骨は盛り上がらないように、背中に引き下ろす
- 腕はリラックスさせ、ひじを曲げて、頭の横におく
- 首を背骨から一直線にまっすぐに伸ばす
- 手の上におでこをのせるか、またはおでこの下に薄いクッションをひく

呼吸の感覚をつかむ

うつぶせで横たわり、呼吸の練習をします。

- 息を吸うときには、背中の肋骨が広がる感じです。
- 息を吐くときには、お尻を引き締め、下背部の安定を維持しながら、肋骨と肩甲骨をウエストに向かって引き下ろします。

腹筋が引き締まっているかどうか、よくわからないときには、胃の下と、骨盤の内側に手を置いてみましょう。筋肉が引き締まり、なおかつリラックスしているかどうかが、わかるはずです。

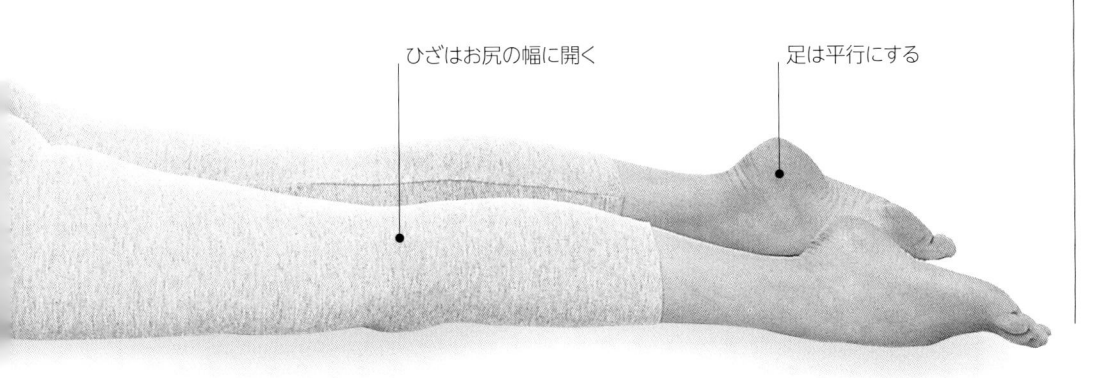

ひざはお尻の幅に開く　　　足は平行にする

背中の伸展

背骨は、前に曲げるとき（屈曲）よりも、後ろに反らせるとき（伸展）のほうが、断然可動域が狭くなります。背中の伸展はゆっくり行うようにしましょう。エクササイズの間、無理をして大きく身体を反らせすぎないようにしましょう。大事なのは下腹部を引き締め、床にしっかりとつけておくことです。そうすれば、首と上背部を伸ばす感覚がつかめるはずです。腕で身体を押し上げないようにしてください。正しく行えるようになるまでには、何回かやってみることが必要です。このエクササイズを正しく行うことができれば、首から背中の真ん中にかけての部分が伸びていることが意識できるはずです。

1 足を平行にして、床にうつぶせで寝ます。手のひらを下にして、軽く曲げ、腕を自分の頭の横に置きます。おでこは、たたんだタオルなど、薄いクッションのようなものの上に置きます。

首を伸ばす

肩甲骨はリラックスして、引き下ろす

骨盤を安定させる

視線を下に

さらに高度なエクササイズ

日常生活のなかで、身体を後ろに反る動きをすることはほとんどありません。したがって、ほとんどの人は、この動きをコントロールする筋肉が弱くなっています。背中の伸展をはじめてから最初の数週間は、筋肉を傷めることなく、リラックスしてエクササイズをするのに必要な筋力をつけるための準備期間だと思ってください。そして筋力がついたと思ったら、背中を伸ばすためのさらに高度なエクササイズ、ジャベリン（P182参照）へと進みます。

足は伸ばして、
リラックスさせる

2　息を吸って、吐きます。肩甲骨は盛り上がらないように、意識して引き下げます。首の後ろが伸びていることを感じてください。頭をわずかに上げて、首をさらに伸ばします。視線は下を向いたままです。息を吸いながら、もとの位置に戻ります。この動きを6回繰り返してください。

安定した体幹から、足を伸ばす

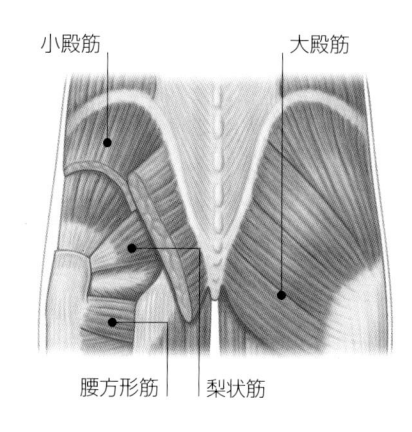

小殿筋　　　　大殿筋

腰方形筋　　梨状筋

お尻の筋肉

上記の筋肉は股関節を動かすために
必要なものであり、
アライメントにも大きく関わっています。

うつぶせで行う脚のストレッチは、骨盤周辺の安定性と筋力を高め、背骨と脚を伸びやかにします。またこのエクササイズを行うことで、お尻と脚を体幹から独立させて動かす能力を高めることもできます。骨盤底周辺の筋肉の動きはごくかすかなものです。それゆえに、それらの筋肉を正しく動かすのは、とてもむずかしいことです。自分が意図したとおりにエクササイズが行えているかどうかを知るためには、かなりの集中力と身体に対する意識が必要です。

殿筋

これからあなたが独立して使うことを覚えようとしているのは、殿筋のグループです。これらはお尻の筋肉群であり、中でももっとも重要なのは大殿筋です。大殿筋は仙骨と尾てい骨から大腿骨の上部にかけて伸びる大きな筋肉です。殿筋は太腿を左右や後ろにコントロールします。また、骨盤の位置を維持するためにも必要ですし、アライメントや姿勢にも大きくかかわってきます。

殿筋は大変な"力持ち"ですが、一方で"ナマケモノ"としても知られています。この筋肉を効果的に使うためには、大変な努力と集中力を要します。殿筋を独立して使うことができるようになるためには、腹筋や背筋といった、通常は殿筋をサポートするためにある他の筋肉を独立して使えるようにならなければなりません。骨盤が安定していると、殿筋はいやおうなく働かざるをえません。

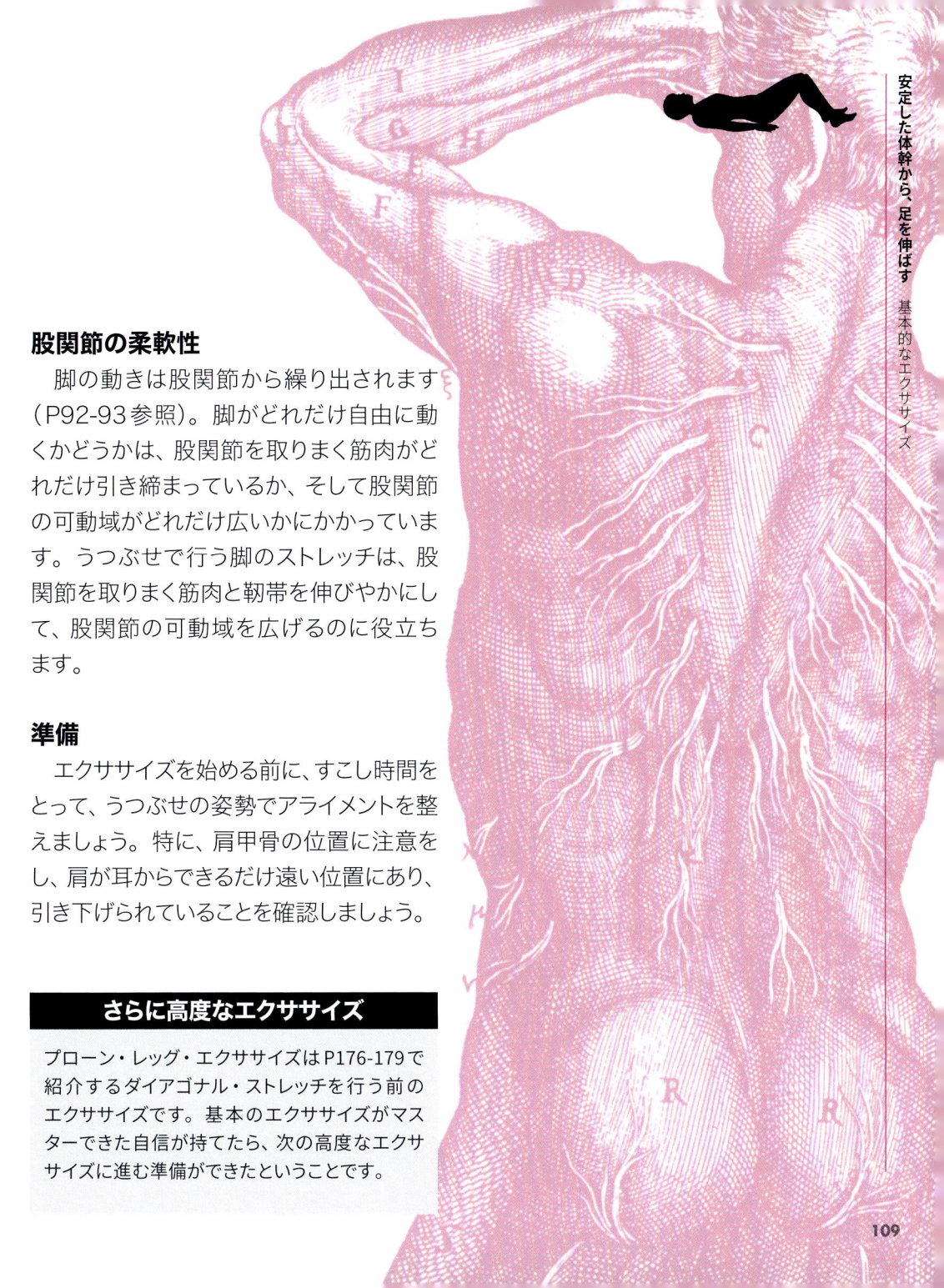

股関節の柔軟性

　脚の動きは股関節から繰り出されます（P92-93参照）。脚がどれだけ自由に動くかどうかは、股関節を取りまく筋肉がどれだけ引き締まっているか、そして股関節の可動域がどれだけ広いかにかかっています。うつぶせで行う脚のストレッチは、股関節を取りまく筋肉と靭帯を伸びやかにして、股関節の可動域を広げるのに役立ちます。

準備

　エクササイズを始める前に、すこし時間をとって、うつぶせの姿勢でアライメントを整えましょう。特に、肩甲骨の位置に注意をし、肩が耳からできるだけ遠い位置にあり、引き下げられていることを確認しましょう。

さらに高度なエクササイズ

プローン・レッグ・エクササイズはP176-179で紹介するダイアゴナル・ストレッチを行う前のエクササイズです。基本のエクササイズがマスターできた自信が持てたら、次の高度なエクササイズに進む準備ができたということです。

うつぶせで行う脚のストレッチ

これはシンプルに見えるかもしれませんが、実は体幹の安定とお尻と脚の自由な動きの両方を注意深くコントロールしながら行わなくてはならないエクササイズです。まずはうつぶせで、呼吸の練習をします。体幹の筋肉を引き締めたとき、骨盤がニュートラルの位置にあり、お尻が床から上がったり、下背部が硬くなったりしないように注意しましょう。お腹はへこませておきます。

2 息を吸って、息を吐きながら、お腹をへこませて、骨盤底を引き締めます。同時に左の脚を伸ばし、床から5〜7.5センチくらいの高さに上げます。この動きを行うときには、お尻の真ん中からが脚だとイメージします。

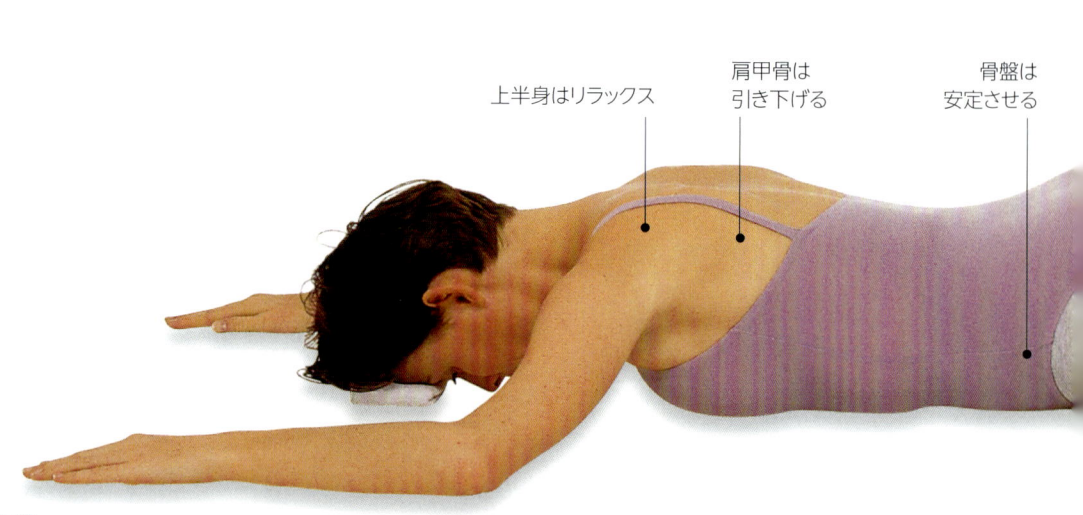

上半身はリラックス

肩甲骨は
引き下げる

骨盤は
安定させる

1　うつぶせのレスト・ポジションはP104に詳しく書いて
あります。足を少し広げ、腕を頭の上に、伸ばします。ひ
じは軽く曲げておきます。胸式呼吸で息を吸い、体幹の
筋肉を引き締めて、息を吐きながら、お腹を背骨にひき
つける動作を何度か繰り返します。

3　息を吐きながら脚を下げても、殿
筋は働かせたままです。そして右の
脚を伸ばして、上げます。左右4回ず
つ行います。

殿筋を引き締める

内腿を伸ばすエクササイズ

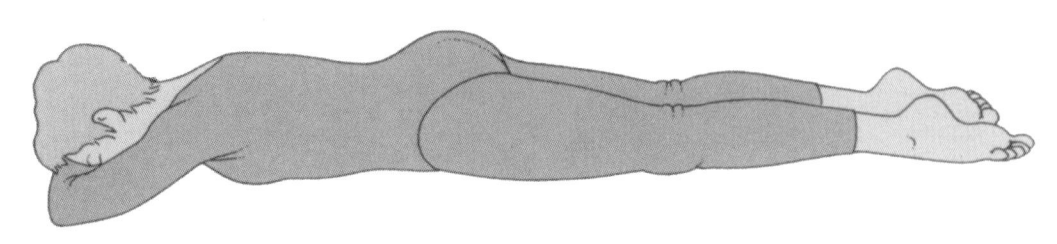

筋肉を独立させて使う
上半身はリラックスさせたまま、
お尻と内腿に意識を集中させます。

骨盤、お尻、内腿のエクササイズに続いて、次のページで紹介するエクササイズ、うつぶせで行う内腿の引き締めは殿筋から内腿と骨盤底の筋肉を独立して動かすことに重点を置いています。これらの筋肉は文字通り、筋肉のガードルの一番基底部にあり、身体のあらゆる動きの起点となる強靱な中心部の筋肉です。この部分が引き締まって、動きが軽くなると、この筋肉がいわばアンカーの役割を果たして胴全体の安定が高まり、股関節から脚の動きが自由になります。殿筋からは独立させて、骨盤底、内腿の筋肉を使うことによって、深層部の骨盤底も鍛えることができます。

小さくとも、効果的に

ピラーティス・エクササイズの主な特徴の一つは、動きの大きさが、その効果に比例しないということです。コントロール力と正確さをもって行えば、ほんのかすかな動きでも、筋肉を引き締め、全身を美しく整えてくれます。これをもっとも実感させてくれるのは、うつぶせで行う内腿の引き締めです。このエクササイズでは、小さなクッションや、丸めたタオルなどを使い、その抵抗に逆らうことで骨盤の基底部の筋肉を引き締めます。ほとんど見えないほどのかすかな動きで、筋肉の使い方を学び、それらの筋肉を意識して使うテクニックを身につけることができます。このエクササイズで新しい動きが習慣になれば、以前は緊張を引き起こすような間違った動かし方をしていた筋肉も、正しく使うことができるようになります。

リラクゼーションに重点を置く

　ピラーティスの初心者にとって難しいことのひとつは、使っていない部分の筋肉はリラックスさせておくということです。エクササイズを行うときに、私たちはつい、いつものくせで、筋肉を使おうとしてしまいます。しかしながら、ピラーティスでは、エクササイズの間、主要な部分を引き締めながら、問題となる場所をリラックスさせることがとても重要です。なぜなら多くの場合には、筋肉が不必要に緊張すると、アライメントが微妙に崩れたり、意図していた動きに制限がでるなどして、その他の筋肉も正しく動かなくなってしまうからです。次のエクササイズで重要なのは、上半身や肩と同様に、下肢や足もリラックスさせることです。

うつぶせで行う内腿の引き締め

このエクササイズで、大事なのはウエストから、つまり背骨から骨盤にかけての部分を伸ばすことです。同時に肩甲骨を背骨に向かって引き下げます。エクササイズの間、下背部が浮き上がりそうになる場合は、クッションを使ってお腹を支えます。体幹の筋肉をすべて引き締めます。ただし一番神経を集中させるべきなのは、内腿の部分であり、ひざから下はリラックスさせたままです。

1 うつぶせで床に寝ます。両手の上におでこを乗せます。肩をリラックスさせて、引き下げます。両脚をそろえて、内腿にクッションか、丸めたタオルをはさみます。

肩はリラックスさせる

肩甲骨が盛り上がらないようにする

ウエストを伸ばす

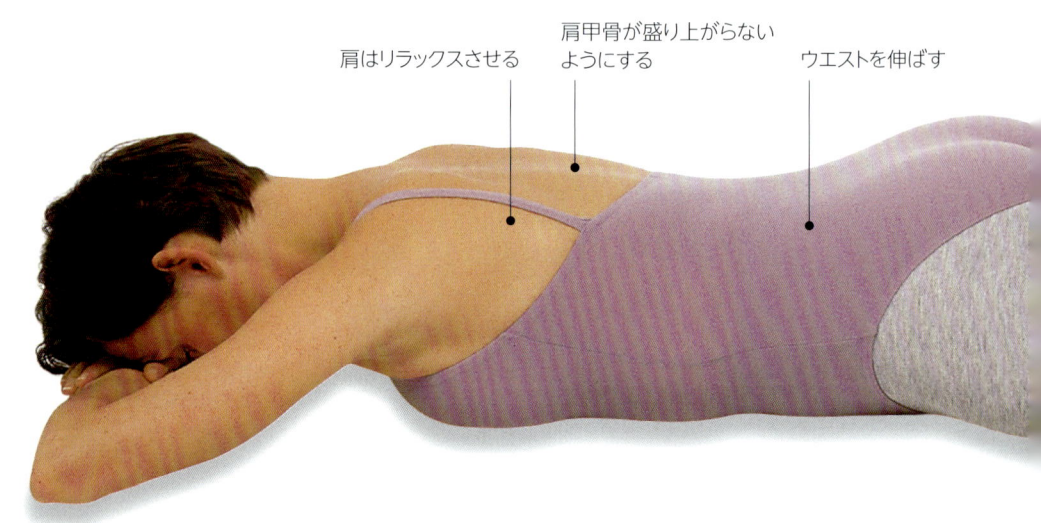

さらに高度なエクササイズ

ジャベリン（P182参照）を行う前の準備エクササイズとして、P106で紹介した背中のストレッチと内腿の引き締めを取り入れます。さらに高度なエクササイズであるジャベリンに取り組むために、まずこの二つが完璧にできるようになりましょう。準備を行って身体を徐々に慣らしていくことで、不必要な緊張やケガを防ぐことができます。またエクササイズを始める前には身体をリラックスさせるようにしましょう。心と身体の調和は、集中力を高めてくれますし、周辺の筋肉がリラックスしていれば、背骨をさらに効果的に伸ばすことができます。

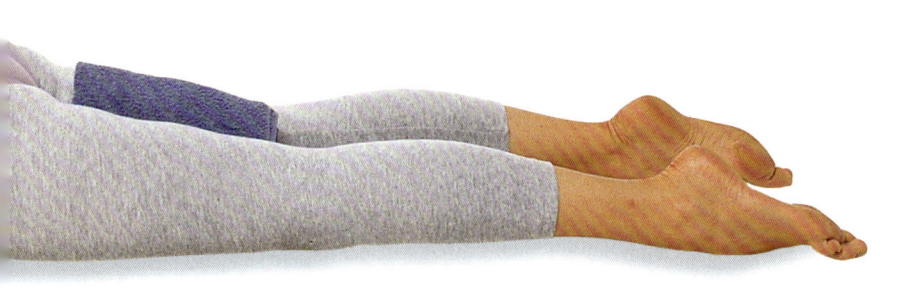

2　息を吸い、吐きながら、体幹を引き締め、お腹を引き下げて、下背部をしっかり安定させます。同時に、内腿でクッションをぎゅっと押しつぶすようにして、お尻の筋肉を引き締めます。足はリラックスさせ、床に置いておきます。もう一度息を吸って、リラックスして、元の位置に戻ります。同じ動きを10回続けます。

お尻と骨盤底を
引き締める

内腿を引き締める

太腿の前面をほぐす

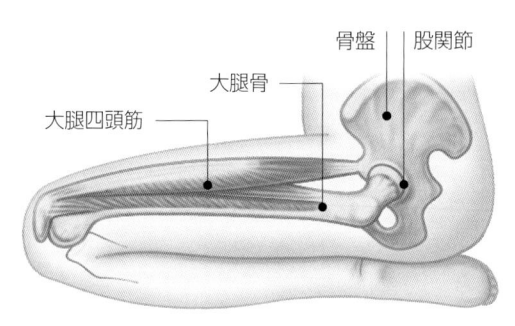

大腿四頭筋 — 大腿骨 — 骨盤 — 股関節

ひざのストレッチ
大腿四頭筋が縮むと、
ひざを曲げる動作が困難になります。
定期的なストレッチで柔軟にしましょう。

太腿の裏側にある筋肉、ハムストリングのストレッチについてはすでに本書（P98-99）で述べてきましたが、裏側と同時に、太腿の前面もストレッチをする必要があります。大腿四頭筋として知られるこれらの筋肉は、ハムストリングの動きと反対の動きをする筋肉です。大腿四頭筋が縮むと、足が伸びて、ひざがまっすぐになり、太腿が持ち上がります。反対に、リラックスすると、ひざを最大限に曲げることができ、股関節の動きも自由になります。

大腿四頭筋が縮む原因

大腿四頭筋が硬く短くなるのは、あまりにも使われなかったとき、あるいは反対に使いすぎてしまったときです。一番わかりやすい例は、サイクリングです。サイクリングでは、大腿四頭筋が常に緊張している状態が続きます。バランスをとるためのストレッチを定期的に行わなければ、大腿四頭筋は短くなり、その結果として、骨盤のアライメントが崩れ、姿勢にも悪影響が出ます。ひざの柔軟性もなくなり、脚の動きがぎくしゃくしたものになってしまいます。

自分にあったストレッチを選ぶ

大腿四頭筋のエクササイズにはいくつかのバリエーションがあります。このあとのページで示すいくつかのエクササイズから、自分が一番気持ちよく感じられるものを選びましょう。あるいは毎日のエクササイズが単調になるのを避けるために、いつも同じものばかりではなく、いろいろなエクササイズを試してみるのもいいでしょう。すべての大腿四頭筋のストレッチの基本は、骨盤を動かさずに、しっかりと安定させ

て、筋肉を働かせることです。ほかのストレッチと同様、大腿四頭筋のエクササイズも徐々に筋肉の繊維を伸びやかにしてくれます。効果を上げようとして、"反動"をつけるのは絶対にやめてください。反動をつけると、筋肉が自分自身をダメージから守ろうとして、余計に縮んでしまいます。自分が気持ちのいいところまでストレッチするだけで十分です。しっかりと呼吸をして、息を吐きながら、だんだんと身体をリラックスさせ、ほんの少しずつ、ストレッチしていくようにします。無理はしないでください──少しでも痛みを感じたらそこで動きを止めます。大腿四頭筋はひざを曲げる動きに関わっていますから、元からひざが弱い人は、とくに注意をしてください。ひざを傷めた経験のある方は、エクササイズを始める前に、専門家に相談することをおすすめします。

大腿四頭筋のストレッチ

ここでは3種類の大腿四頭筋のストレッチを紹介しました。一度のセッションで3つのストレッチを全部行うのはやめましょう。ひざを傷めた経験のある人に、一番おすすめなのは立って行うストレッチです。ストレッチした状態で、20数えます。呼吸は常に楽に、規則正しく行います。ストレッチの間は、身体をリラックスさせておくようにします。

ひざまずいて行う大腿四頭筋のストレッチ

膝頭をそろえ、ひざを折って座ります。手をお尻の後ろにあてて、肩をリラックスさせます。息を吸って、吐きながら体幹の筋肉を引き締めて、骨盤を前に傾けます。太腿の前面が伸びているのを感じてください。同じ動きを5回繰り返します。

うつぶせで行う
大腿四頭筋のストレッチ

まず、うつぶせになります。骨盤は安定させ、床にしっかりとつけておくようにします。左右どちらかの足をお尻に向かって引き寄せます。手で足をつかみますが、もし手が届かなければ、スカーフをひっかけてもかまいません。ゆっくりとかかとをお尻の真ん中に向かって引き寄せます。太腿の前面がじわじわと伸びていくのを感じてください。反対の足でも同じことを行います。

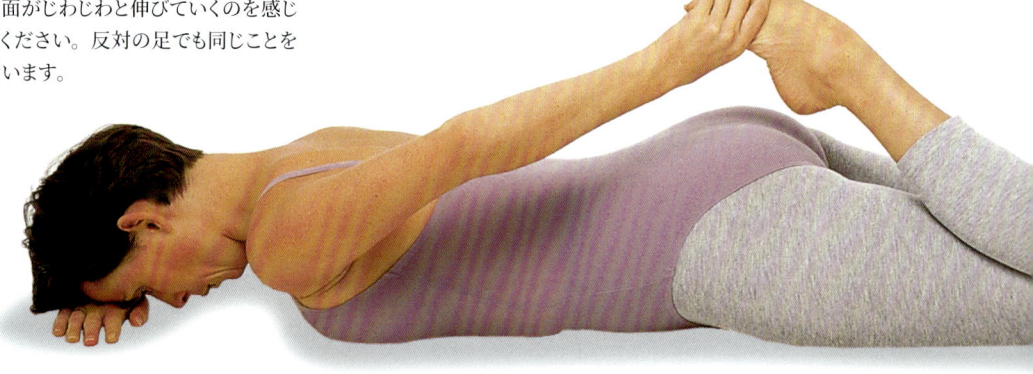

立って行う
大腿四頭筋のストレッチ

足をお尻の幅に開いて立ちます。椅子など、何か支えになるものを側に置きます。体幹の筋肉を引き締めて、左右どちらかの足をつかみます。骨盤はまっすぐに、ニュートラルにして、ひざとひざをくっつけます。かかとをお尻の中央にひきつけます。全身体が伸びているのを感じてください。反対側も同じようにします。

肩をリラックスさせて、引き下ろす

腰の高さは
左右同じ

椅子などを
支えに使う

両ひざは
くっつけて
おく

背骨を伸びやかに

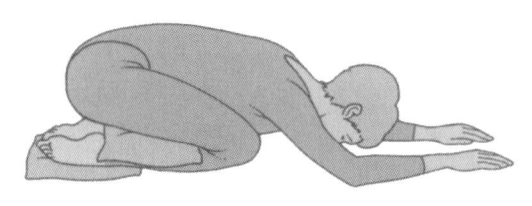

心地よさとリラクゼーション
ひざが硬くなっているときには、
上の図で示したように
クッションを挟んでみましょう。

よくデザインされたピラーティス・プログラムでは、それぞれの筋肉群ごとに、少しがんばらなければならないエクササイズとリラックスできるエクササイズがバランスよく組み合わされなければなりません。この原則を守っていれば、ただひたすらに一生懸命にエクササイズを行って、その結果筋肉を短くしてしまうようなことはありません。セッションの合間に行う、バランスをとるためのストレッチは、筋肉を伸びやかにすると同時に、引き締めて筋力をつけ、最大限の可動性を引き出してくれます。

前のページで紹介したうつぶせのエクササイズの多くには背骨を伸ばす動きが含まれています。背骨の伸展は、筋肉に大きな負担がかかる動きです。うつぶせのエクサ

サイズの最後には、筋肉をリラックスさせる効果のあるストレッチをとりいれるようにしましょう。効果的なストレッチをとりいれると、背骨がしなやかになり、一つ一つの椎骨をつなげている筋肉の緊張を取り除くことができます。

リラクゼーション

リラックスをするためには、気持ちよくエクササイズを行うことが必要です。身体のどこかに痛みを感じたら、その痛みによって身体の他の部分が緊張してしまいます。したがって、筋肉をリラックスさせるエクササイズを行うときには、不快感を覚えないことが一番大切です。

122-123ページでは、不快感を緩和するためのいくつかの方法を紹介しています。例えば、ひざを曲げにくいときには、ひざの後ろと足首、あるいはふくらはぎとお尻の間にクッションを置くようにするなどの方法です。これらのヒントを参考にして、エクササイズを効果的に行うようにしましょう。どうすれば自分にとって一番快適にエクササイズを行うことができるのかを見極めて、その方法にのっとってエクササイズを行うようにしましょう。リラクゼーションのポーズをとっているときには、背中

を伸びやかにするために胸式呼吸をしてください。息を吸うときには、肋骨の下部が横に広がります。胸が膨らませて、着ているTシャツがはり裂ける様子をイメージしましょう。息を吐くときには、肋骨がリラックスして、体幹の筋肉がゆっくりと引き締まります。

リラクゼーションの最後に

　リラクゼーションの姿勢から立ち上がるときの立ち上がり方は、リラクゼーションそのものと同じくらい大切です。エクササイズが終わるやいなや、誤った動き方で筋肉をつかってしまったら、せっかく多くの時間を割いて、筋肉の緊張を取り除いた意味がなくなります。立ち上がり方にまで気を配ることで、リラックスした状態を持続させ、さらにエクササイズの効果を高めることができるのです。次のページに書かれた注意には、エクササイズが終わった後の立ち上がり方について説明しています。また、ひざになにか問題を抱えている人のために、横たわって行うエクササイズについても触れています。

レスト・ポジション

このストレッチは、背中を使った後に、うつぶせで背骨を伸ばすエクササイズです。リラックスを目的にはしていますが、このエクササイズを行うときも、体幹の筋肉は引き締めていることが必要です。ゆっくりと背骨を伸ばして、椎骨に接合した筋肉や靭帯の緊張を取り除くことができます。腰椎から背骨にかけて気持ちよく伸びているのを感じてください。ここでは、2パターンのリラクゼーション・ストレッチを紹介します。ひざに問題を抱えている人には2番目のやり方がおすすめです。

1 四つん這いになります。ひざは腰からまっすぐ下に、手は肩からまっすぐ下にくるようにします。

2 身体をうしろにひいて、お尻をかかとの上にのせ、頭をぺたりと床につけます。手は最初の位置においたままです。息を吸って、背骨が伸びているのを感じてください。このポジションで数回呼吸をして、休みます。

4　足をフレックスにして、身体をスクワットのポジションにします。体幹の筋肉は引き締めたままです。足は平行にして、ゆっくりと息を吐きながらロールアップして立ち上がります。

3　ゆっくりと身体を起こします。息を吸っておへそを背骨に近づけてください。背骨の下から、徐々に背骨を伸ばしていきます。尾てい骨は床に向かって、まっすぐ引き下ろすイメージです。肩は引き下げたままで、頭を起こすのは一番最後です。

横に寝て行うパターン

もしひざにトラブルを抱えている場合には、うつぶせのエクササイズを行った後に、このポジションで身体を休めてください。首が背骨と一直線になるよう、頭の下にクッションを敷いて支えます。両脚をそろえ、ひざは直角に曲げます。リラックスして、安定した呼吸をします。

基本の立ち位置

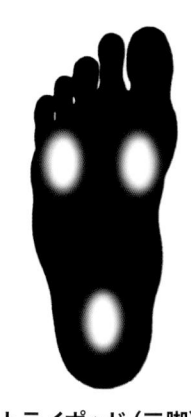

トライポッド (三脚)
立っているときには、体重が、
この三つのバランス・ポイントに
均等にかからなくてはなりません。

慣というのは長い間に身についたものですから、いつも正しい姿勢で立つことができるようになるには、時間と努力が必要です。このエクササイズのいい点の一つは、いつでもどこでもできることです。スーパーのレジ待ちのときに、そしてバスを待っているときに、ちょっとした時間を見つけて126-127ページで紹介した立ち方を実践するようにしてください。定期的にエクササイズを行っていくうちに、まわりの人も、あなたが以前より背が高く、若々しく、さらにはつらつとして見えることに気づくにちがいありません。

正しく立つ

ピラーティスを行うと正しいアライメントで立つことができるようになります。これはさまざまなピラーティスがもたらしてくれる効用の中でも、もっとも日常生活に及ぼす影響が大きいことだといえます。なぜなら私たちは毎日の生活で、多くの時間を立って過ごします。ですが、毎日立っているからといって、私たちが正しい立ち方を知っているとはかぎりません。実際のところほとんどの人の立ち姿勢には、いろんな欠点があります。ピラーティスでは、徐々にこの欠点を減らす方法を教えます。習

姿勢の原則

立っているときには、50ページで紹介した直立のアライメントを再現できることを目標にします。足からはじめて、順番にチェックしていきます。

- 足はお尻の幅に開いて、平行にする
- ひざは柔らかく、前を向いているように
- 骨盤はニュートラルに・体幹を引き締める
- 肩甲骨はリラックスして、引き下ろす
- 肩を下ろす
- 頭はバランスよく背骨の上にくるように
- あごはかすかに上げる

静かに、そしてアクティブに

　正しく立った姿勢は、とてもリラックスの
できるものですが、完全なレスト・ポジショ
ンというわけではありません。なぜなら身
体をまっすぐに維持するためには、いろい
ろな部分の筋肉を引き締めることが必要だ
からです。身体を支えるために大きな働き
を果たす筋肉がゆるんでいると、それ以外
の筋肉に過剰な緊張が生じます。例えば、
立っているときに、腹筋がきちんと引き締め
られていなければ、背中には大きな負担が
かかります。それぞれの筋肉がバランスよ
く引き締まっていれば、何の苦もなく、身体
を軽く動かすことができ、その結果、動いて
いたり、じっとしたりする間の、静止した姿
勢もバランスよく保つことができるのです。

アクティブ・スタンディング

ここで紹介するアクティブ・スタンディングはバランスとアライメントを整えるエクササイズです。家でエクササイズするときには、全身が映る鏡の前で、アクティブ・スタンディングの姿勢をとると、身体がどれだけ美しく見えるか、自分の目で確認しながら行うようにしましょう。正しく立ったときの感覚をつかんだら、この本に写真入りで説明しているすべての立って行うエクササイズを、そのポジションから始めるようにしましょう。エクササイズの後に、クールダウンをするのもこの姿勢です。

かかととつま先を交互に上げる

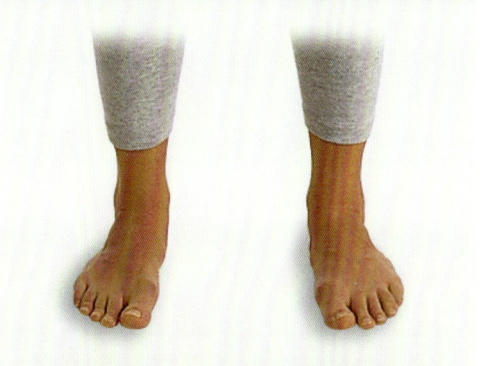

まず足の裏の膨らんだ部分に体重を乗せて立ち、かかとを床からかすかに上げ、次は体重をかかとに移動させ、つま先をかすかに上げる、この動きを繰り返すと、バランスをとる力がつきます、体幹を引き締め、胴を安定させて行いましょう。必要なら、支えにいすなどを使ってもかまいません。

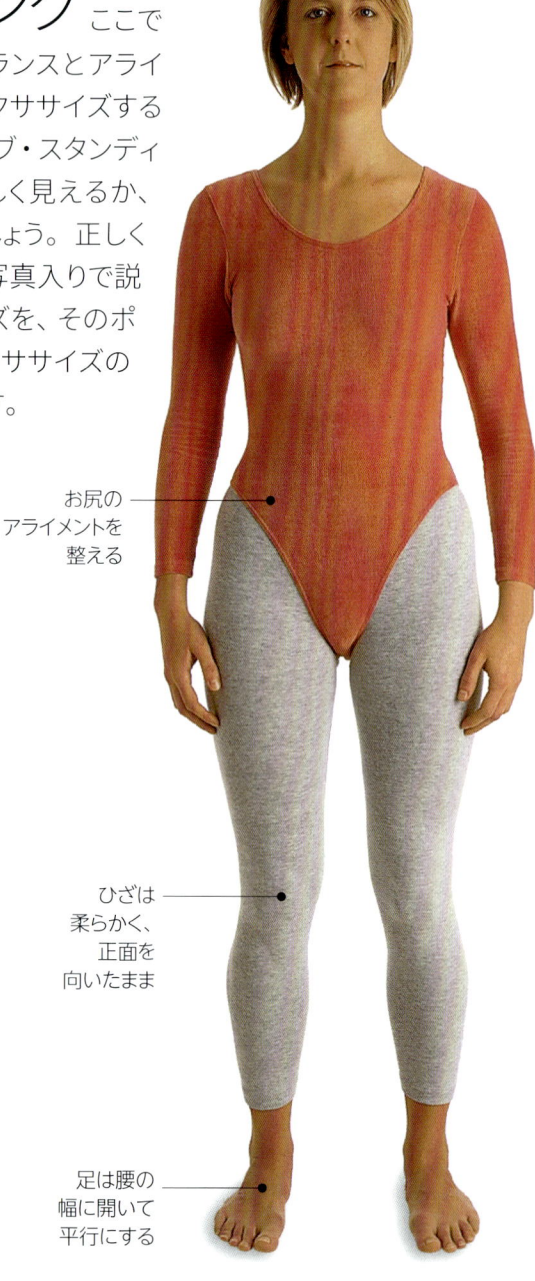

お尻の
アライメントを
整える

ひざは
柔らかく、
正面を
向いたまま

足は腰の
幅に開いて
平行にする

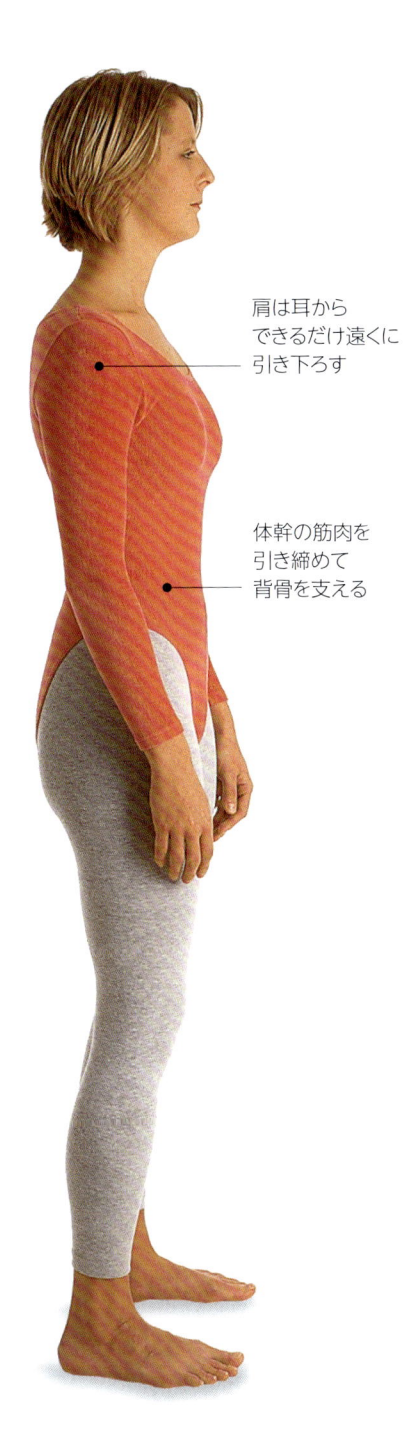

肩は耳から
できるだけ遠くに
引き下ろす

体幹の筋肉を
引き締めて
背骨を支える

立って行う骨盤の傾け

立ったまま行う骨盤の傾けで、自分の骨盤の
ニュートラル・ポジションを見つけます。

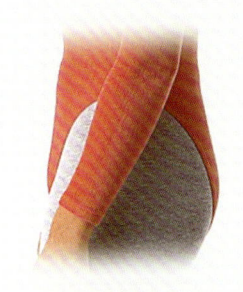

恥骨を前に傾けて、腰
椎のカーブをフラットに
します。

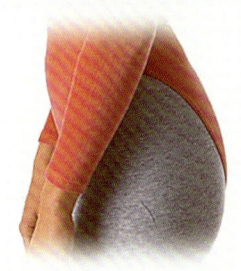

骨盤を後ろに傾けて、
腰椎のカーブを強調し
ます。

二つの動きの間に骨盤
をニュートラル・ポジショ
ンに戻します。

ひざを曲げる

身体の安定を高め、立った姿勢のアライメントを整える
には、ひざを曲げるエクササイズを行います。息を吸っ
て、吐きながら、ひざを曲げます。かかとが浮く手前ま
で、ひざを曲げて、息を吸いながら、ひざをまっすぐに
伸ばします。この動きの間、ずっと体幹のアライメント
を維持します。

127

背骨の感覚

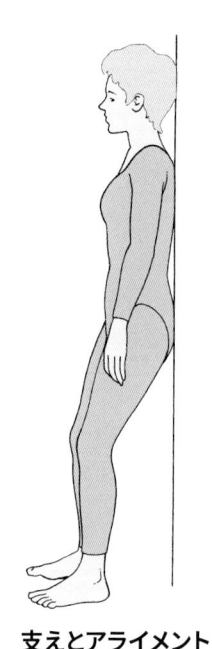

支えとアライメント
身体を支えながら、アライメントを整えて、
エクササイズを正確に行うために、
壁を支えに使います。

背骨は一本の骨ではありません。背骨は32〜34個の椎骨が連なった円柱です。背中の筋肉を正しく使って強くするためには、背骨が一本の骨ではないということを心のどこかに止めておくことが大切です。ピラーティスの多くのエクササイズは、背骨は胴のすべての動きをコントロールする体幹の筋肉が引き締まっているからこそ、支えられて、

自由に動くことができるのだという、背中本来の、限られた可動性を理解することが基本になっています。

エクササイズ・プログラムでは、背骨の可動性を最大限に高めると同時に、安全な範囲で動きを維持するコントロール力をつけることを目標にしています。このテクニックを獲得するためには、まずその動きを引き起こす筋肉のある場所を認識して、その筋肉をコントロールできる能力を養わなくてはなりません。とくに身体を曲げたり伸ばしたりするときに背中を守り、その動きを支える深層部の腹筋の動きを正確に理解する必要があります。

ロール・ダウンは古典的なピラーティスのエクササイズで、簡単に見えますが、正しく行うのはかなり難しいエクササイズです。一連の動きを注意深くコーディネートして行わなくてはなりません。このエクササイズは背骨の柔軟性を高めてくれます。背骨の動きの方向と限界は、体幹の筋肉によって決定されます。身体の前面と背面の筋肉は、それぞれに互いをひっぱりあって、アライメントを維持しています。ロール・ダウンを行うと、足にバランスよく体重をかけるにはどうすればいいかがわかるようになります。脚の筋肉も活発に動きます

が、エクササイズの中でとくに目立った動き
はしません。腕と手はリラックスした状態
を保つようにしましょう。

壁を支えに

　このエクササイズの基本バージョンで
は、壁を支えにして、アライメントを整えま
す。慣れてくると、やがて支えがなくても正
しいアライメントでエクササイズができるよ
うになります。首から背骨の一番下まで、
椎骨のひとつひとつを徐々に壁から（ある
いは垂直のポジションから）引き離してい
く様子をイメージしてください。反対の動
きではゆっくりと身体をまっすぐに伸ばしま
す。身体と心を一つにしてください。最後
まで、急いだり、いい加減にせず、丁寧にエ
クササイズを行いましょう。

さらに高度なエクササイズ

壁を支えにしながら、自信をもって、エクササイ
ズを正確に行えるようになったら、今度は同じエ
クササイズをやってみましょう。126ページで紹
介したアクティブ・スタンディングのポジション
からはじめ、体幹の筋肉を使って、安定とアライ
メントを維持します。

基本的なロール・ダウン

エクササイズを始める前に、障害物のない壁を見つけ、その壁を背にしてエクササイズを行います。壁を背にして立ち、身体のどこかが緊張していないかどうかをチェックします。とくに背中や肩が緊張していないことを確かめてください。背骨から頭と首を伸ばして、エクササイズを始めます。腕はリラックスして身体の脇に下ろしておきます。

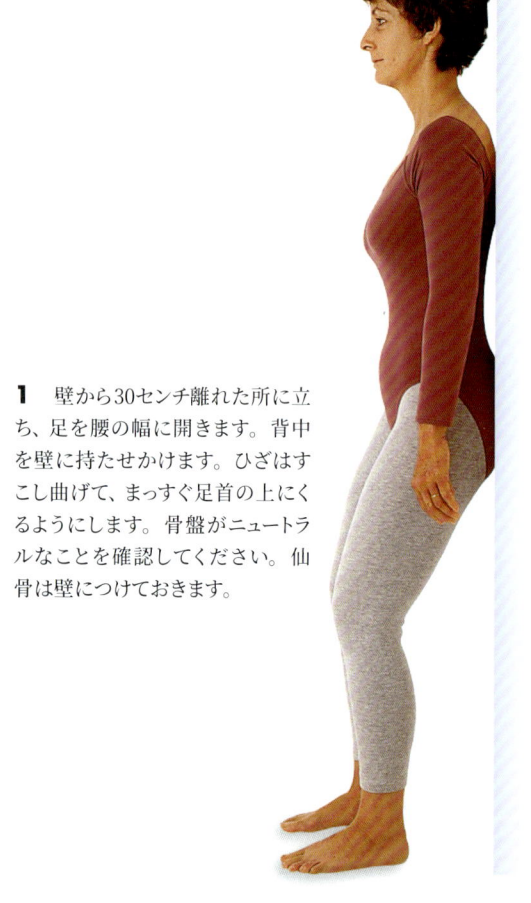

2 息を吸い、肩甲骨をリラックスさせて、引き下げます。息を吐きながら、肋骨がウエストに向かって引き下げられているのを感じてください。同時に頭をゆっくりと前に下げていきます。椎骨を一つずつ壁から離していく要領です。腕の重みにまかせて、身体を前に曲げます。ただしひざと骨盤は安定させたままです。

1 壁から30センチ離れた所に立ち、足を腰の幅に開きます。背中を壁に持たせかけます。ひざはすこし曲げて、まっすぐ足首の上にくるようにします。骨盤がニュートラルなことを確認してください。仙骨は壁につけておきます。

頭は最後に上げる

体幹の筋肉は引き締める

腕と手はリラックスさせる

3　息を吸いながら身体をできるだけ前に倒したら、今度は息を吐きながらおへそを背骨に惹きつけて身体を伸ばしていきます。壁を背にして、背中がまっすぐになっているのを感じてください。尾てい骨は床を向いたままです。身体が垂直に戻ったら、骨盤の位置をニュートラルに戻して、再び同じ動きを繰り返してください。

グラウンドワーク

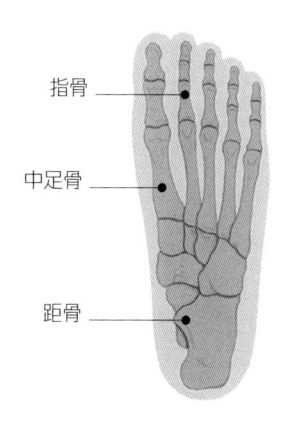

足の骨格
足はたくさんの小さな骨が
集まってできているため、
最大限の柔軟性と強さを備えています。

足は地面との接点です。じっと立っているときに、足が地面についているのはあたりまえですが、動いているときにも、足はローンチング・ポイントで地面と接しています。哲学的な見方をすれば、足はすべての生物の源である大地とあなたをつないでいるという言い方もできるかもしれません。しかしながら、足の状態が人生における幸福感の基本である、などと考える必要はありません。私たちのほとんどは、長い間立ったり歩いたりした後に、足を地面から離すと大きな安心感を得ます。また足をマッサージすると、

マッサージをした場所とまったく無関係に思える場所がリラックスするのも、よくあることです。ピラーティスがエクササイズをデザインする上で、特に足に注目したのも、驚くに値することではありません。

柔軟性

足と足首のどちらもが強く柔軟でなければ、身体の重みを支えることはできませんし、バランスをとることもできません。骨と関節は複雑なネットワークを形成して、かかとの最大限の面積で全身の体重を支えます。足を上げたり下したりするたびに、土踏まずのアーチがスプリングの役割を果たして、効果的にショックを吸収します。しかしながら、身体のほかの部分と同様、足のすばらしい機能も長年にわたって手入れを怠ったり、無茶な使い方をすることで、だんだんに弱くなってしまいます。足に合わない靴も、身体の重みを受けたときに、その重みを足のより細かな部分へと分散させることができないため、足やつま先をゆがめたり、ねじまげたりする原因になります。また、私たちは裸足で歩くことをほとんどしません。裸足で歩くという、足にとってもっとも基本なエクササイズを怠ると足の筋肉はたるんでしまいます。

ピラーティスのアプローチ

　ピラーティスの足のエクササイズを行うと、足とくるぶしがしなやかになります。足首を回す動きは、本来の可動域を取り戻すのに役に立ちます。くるぶしの柔軟性があれば、脚の動きがぐっと楽になり、背中にかかる負担を減らすことができます。何度も足を伸ばしたり、曲げたりするエクササイズを行えば、筋肉が引き締まり、足は本来の柔軟性を取り戻して、痛みや違和感なく、より長い間、よりハードに動くことができるようになります。ストレスが背骨に響く前に、足がさらに多くの潜在的なダメージを吸収してくれるからです。エクササイズによって、筋肉の反応がよくなると、つま先の筋肉を、より簡単に独立して動かすことができるようになり、つま先をポワントにするエクササイズの間も、つま先をリラックスさせておけるようになります。足が伸びていると背中が丸くなることもありません。

※ポワント　つま先に力を入れてしっかり伸ばした状態のこと

足と足首のエクササイズ

足のエクササイズはすべて裸足で行うようにします。足首を回すときには、足首を意識してリラックスさせることが必要です。足首の関節は使われなければ、"ナマケモノ"になり、何か力がかかると、すぐに緊張してしまいがちです。忍耐強く、このエクササイズを続けて、足首を自由に動かせるようにしましょう。足とつま先のエクササイズはシンプルに見えますが、いざ試してみるとけっして簡単なものではないことに気づくはずです。私たちはつま先の動きをコントロールすることになれていませんし、筋肉と神経がいつも脳の命令に従ってくれるとはかぎりません。つま先のコントロール力を養うには、忍耐強くエクササイズを行って、もう一度、ゆっくりと足にその本来の機能を再学習させることが必要です。

足首の回旋

あおむけに横たわって、ひざを曲げます。片方の足を上げて、手を太腿に添えます。ゆっくりと足首を左右に6回ずつ回します。反対の足も同じようにします。

脚は
リラックスさせる

つま先も
リラックスさせる

支えになる脚全体に
体重をかける

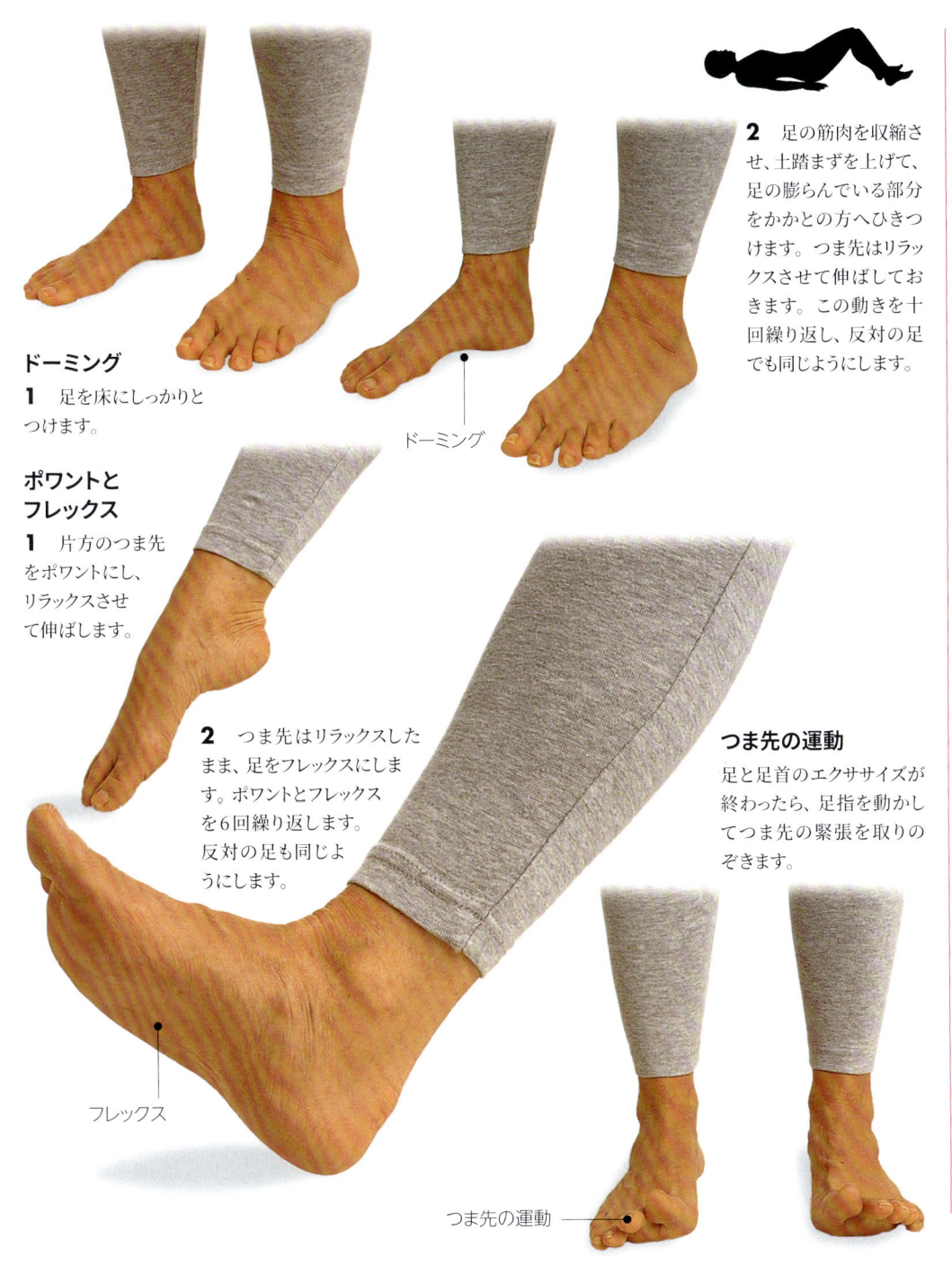

2 足の筋肉を収縮させ、土踏まずを上げて、足の膨らんでいる部分をかかとの方へひきつけます。つま先はリラックスさせて伸ばしておきます。この動きを十回繰り返し、反対の足でも同じようにします。

ドーミング

1 足を床にしっかりとつけます。

ドーミング

ポワントとフレックス

1 片方のつま先をポワントにし、リラックスさせて伸ばします。

2 つま先はリラックスしたまま、足をフレックスにします。ポワントとフレックスを6回繰り返します。反対の足も同じようにします。

つま先の運動

足と足首のエクササイズが終わったら、足指を動かしてつま先の緊張を取りのぞきます。

フレックス

つま先の運動

足全体のバランス

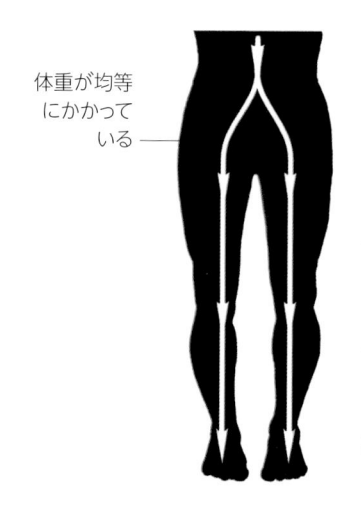

体重が均等にかかっている

骨盤のアライメントが崩れている

体重が均等にかからない

体重のかかり方

骨盤が正しいアライメントにあるときには（図左）、体重は両方の脚に均等にかかっています。もし左右どちらかの腰の位置が高くなると、上がった腰の反対側の足により多く体重がかかるようになり、体全体のバランスが崩れます（図右）。

基底部が広くなると、重さは安定してかかります。ですから、足を開いて立つと、足をそろえたり、一本足で立っているときよりもずっと安定して立つことができます。またじっとしているときよりも、動いているときの方がバランスをとるのが難しくなります。コンスタントに体重移動をするには、主な体重がかかる部分でバランスを中心に保つことが必要だからです。動いているとき、例えば歩いているときには、私たちの動きにともなって体重のかかり方が変わります。それゆえ、体重を足にバランスよくかけるためには、絶え間ない調整が必要になるのです。こ

れらのちょっとした調整は無意識のうちに行われています。私たちの身体は習慣的に動くようになっているからです。しかし、例えば重いバックパックを背負うなどの、大きな負荷が加わった場合には、自分の身体が歩いたり、立ったり、座ったりするときに、たえまなく微調整を行って、バランスをとっていることに気づくはずです。このエクササイズを行うと、身体にとって、この無意識のうちのバランス調整が、どんなにストレスの多い、疲れることなのかを知ることができます。

動きをコンパクトに

　あなたが動くたびに、身体はその動きに合わせて微調整を行います。ピラーティス・エクササイズはこの身体のコントロール・システムに働きかけ、無駄な動きをはぶき、コンパクトにすることに重点を置いています。動きをコンパクトにすれば、それぞれの動きの間に調整を行ったり、バランスをとったりする努力もそれだけ少なくなります。その結果、さらに優雅でスムーズ、かつ無駄のない動きができるようになり、疲れることがなくなります。

　次のページで紹介するエクササイズは、身体をコントロールする訓練です。特に体重を片方の足から、もう一方の足へ移動させるときに、骨盤を安定させる訓練をします。このエクササイズは、歩いているときに骨盤を水平にすること、つまり無駄な動きを最小限にして、ダメージを減らすことを教えてくれます。二番目のエクササイズでは、さらに重心が移動したときにもバランスを保つ練習をします。この二つのエクササイズで、身体の中でもあまり使われない足の裏の筋肉をよりしなやかにすることができます。

ペダリング

次に紹介する裸足のエクササイズは、足の裏を全部床につけて、つま先を広げ、もっとも無駄のない動きができるようにするものです。いい加減に行おうとすれば、ペダリングはどこまでも簡単にすることができます。動きの細部にこだわって、骨盤の動きを安定させるように注意を払って行いましょう。骨盤と上半身のアライメントを維持しながら、お尻や、ひざ、足首の関節が自由に動く様子をイメージしてください。2番目のエクササイズでは、左右両方の脚を同じ数だけエクササイズするようにしましょう。

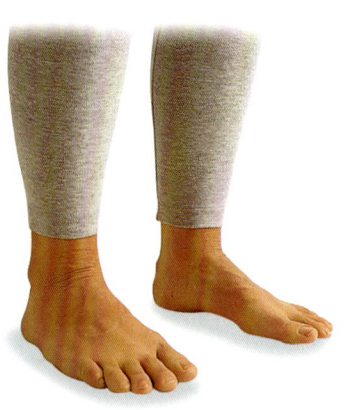

1　立った姿勢からエクササイズを始めます。息を吸って背骨が伸びているのを感じてください。息を吐いて体幹の筋肉を引き締めます。ひざを少し前に動かして、片方のかかとをスムーズに床から上げます。かかとを床につけて、反対の足で同じ動きをします。左右5回ずつ繰り返します。

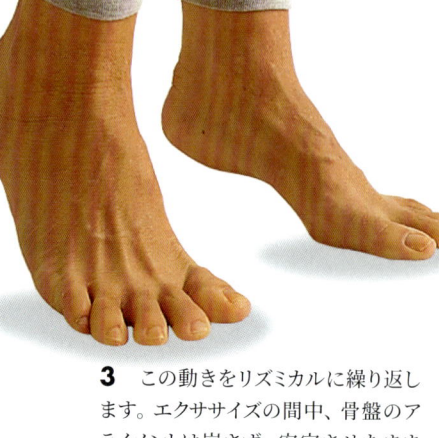

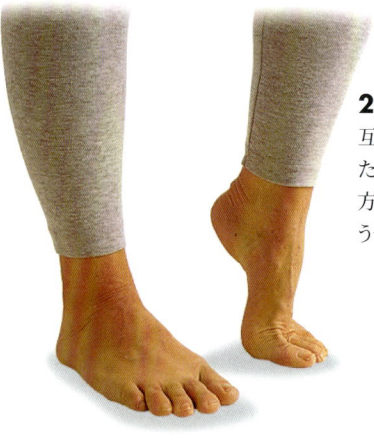

2　今度は左右の足を交互に続けて、上げたり下げたりする練習をします。一方の足を下ろすと同時にもう一方の足を上げます。

3　この動きをリズミカルに繰り返します。エクササイズの間中、骨盤のアライメントは崩さず、安定させたままです。

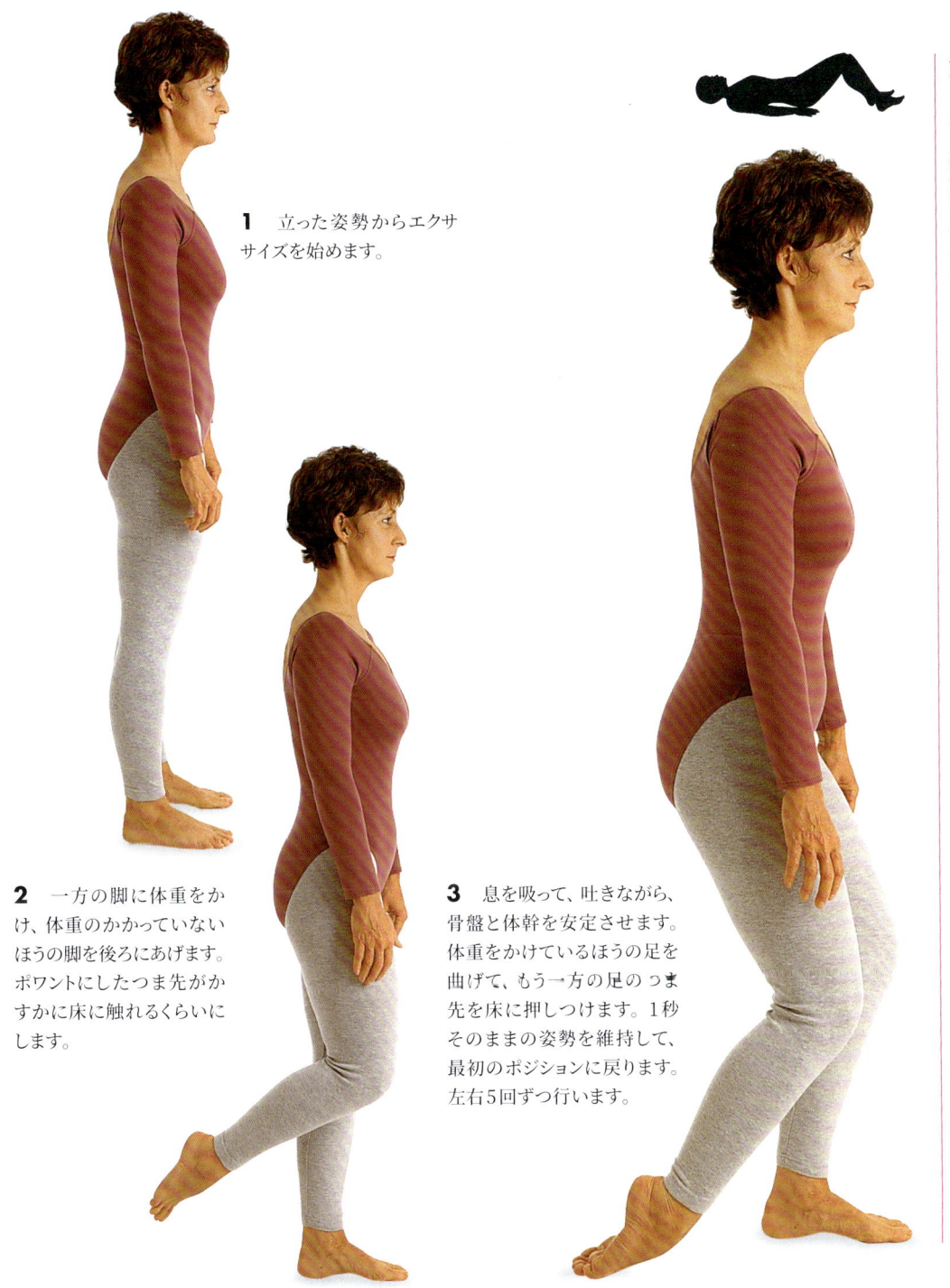

1　立った姿勢からエクサ
サイズを始めます。

2　一方の脚に体重をか
け、体重のかかっていない
ほうの脚を後ろにあげます。
ポワントにしたつま先がか
すかに床に触れるくらいに
します。

3　息を吸って、吐きながら、
骨盤と体幹を安定させます。
体重をかけているほうの足を
曲げて、もう一方の足のつま
先を床に押しつけます。1秒
そのままの姿勢を維持して、
最初のポジションに戻ります。
左右5回ずつ行います。

セルフ・チェック

自信をつける

上達するにしたがって、
エクササイズを行った後により多くの
充実感を得ることができるようになります。

す べてのエクササイズを2、3週間で終えてしまったら、次の新しいエクササイズを試してみたくてたまらなくなることでしょう。自分が次のステップに進む準備ができているかどうかを決めるために、どれだけ進歩したか自分でチェックしてみましょう。

呼吸

エクササイズを続けるうちに、息を吸ったり、吐いたりするときに、肋骨を広げたり、しぼめたりする動作が楽にできるようになるはずです。また、より自然に呼吸ができるようになります。もしまだ呼吸が楽にで

きるようになったと感じていないなら、基本のエクササイズを続けてください。

体幹の筋肉

息を吐くとともに、おなかをへこませて体幹を引き締めるテクニックを身につけることはピラーティスの基本です。ほとんどの基本的なエクササイズでは体幹の筋肉を引き締めることが必要になります。エクササイズを続けていれば、お腹が引き締まって、胴をしっかり支えている感覚がよくわかるようになるはずです。もしこれらの筋肉をまだコントロールしきれていないと感じる間——アブドミナル・カールのときにまだお腹が膨らんでいると感じる間——は、さらに高度なエクササイズに進む準備はできていないということです。

身体の意識

身体の意識が高まるにつれて、エクササイズの前に骨盤をニュートラルにしようとする習慣が身につきます。肩や肩甲骨についても正しいポジションがわかっていることが基本です。アライメントが崩れているかどうか、まだよくわからないという人は、基本のエクササイズをもう少し続けるようにしましょう。

痛みと不快感

　ピラーティス・エクササイズで痛みを感じることはありません。もし痛みが起こったら、それはもともと身体に何か問題があるか、エクササイズのやり方がまちがっているということです。このような場合は、直ちにエクササイズをやめて、専門家のアドバイスを受けてください。次のエクササイズには進まないようにしましょう。しかしながら、エクササイズの後、それも難易度の高いエクササイズをした後に、多少のこりを感じるのはごく普通のことです──今までは使っていなかった筋肉が使えたしるしだと思ってください。エクササイズに慣れるにつれて、それらのこりを感じることもなくなるはずです。つまり、エクササイズの後にこりが起こらなくなったら、次のエクササイズに進む準備ができたということです。

心地よくエクササイズを

さらに高度なエクササイズに進む準備ができていてもいなくても、ピラーティスの効果ははっきりと実感できるはずです。身体が伸びて、軽くなり、日常的な動作が今までより楽にできるようになります。自分にあったレベルのエクササイズを続けていく上でも、このような実感は大きな励みになるはずです。

より高度な
エクササイズ

　この章では、より高度なエクササイズをいくつかご紹介します。これらのエクササイズでは、今まで以上に呼吸をコントロールする必要があります。また、動きもより複雑な組み合わせになっていますが、体幹の強さを基本にしている点は変わりません。自分自身が高度なレベルに進めると感じた時点で、これらをいつも行っている定期的なエクササイズに徐々に組み込んでください。

　忘れないでいただきたいのは、ピラーティスは競争ではないということです。ですから、無理をして自分のレベル以上のエクササイズをやっても、だれもほめてはくれません。先を急いで怪我の危険を冒すよりは、じっくりと時間をかけて基本のエクササイズに取り組みましょう。

呼吸法の上達

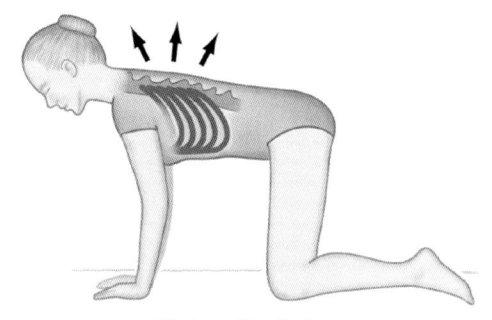

背中で呼吸をする
四つん這いの姿勢になると、
息を吸っている間に背中側の胸郭が
広がる感覚を意識できます。

呼吸のコントロールは、常にエクササイズのテクニックのかなめとなります。これまでエクササイズを続けてきた皆さんなら、リラックスしている時も運動している時も、呼吸がいかに体全体に影響を与えるか、すっかりお分かりいただけたと思います。また、胸式呼吸に切り替えた方が、エクササイズを行いやすいということにも気がつかれたことでしょう。吐いたり吸ったりといった呼吸のコントロールも、かなり上達し、息を吸いながら胸郭を広げ、息を吐きながら胸郭を狭めることが、エクササイズを始めたばかりの頃より楽にできるようになったと感じられるはずです。

心肺機能を高める効果という点では、エアロビクスには及びませんが、ピラーティスを行えば、呼吸のコントロールに関しては大幅な改善が望めます。呼吸が深くなると、体内により多くの酸素を取り込むことができ、老廃物のガスをスムーズに体外に排出することができます。この結果、エネルギーとスタミナが増加します。

毎日の呼吸法

呼吸法の訓練は、日常生活の動作に簡単に取り入れることができます。例えば、一列に並んで待っている時や、机に向かって休憩している時、2, 3分、胸式呼吸をすればよいのです。ピラーティスを行っていくうちに、呼吸法が自然に身につき、物を持ち上げたり、身体の向きを変えたりするときにも、今までよりずっと無駄のない動きができるようになったことに気がつくでしょう。また、動きが自信に満ちた、意図的なものになるため、ふとした拍子に怪我をする可能性が低くなっていることにも気がつくはずです。

高度なエクササイズ

次のページで紹介する四つん這いの呼吸のエクササイズは、息を吸ったり吐いた

りしている時の、胸郭の背中側の動きに対する意識を高めるためのものです。それと同時に、体幹の筋肉を使って背中のカーブを安定させることも学びます。肩甲骨の位置を意識することも、このエクササイズの重要な要素となっています。

ピラーティスとアレクサンダー

ピラーティスで指導している呼吸法は、アレクサンダー・テクニックで使われているものと共通点がたくさんあります。このテクニックはピラーティス・エクササイズと併用することも可能であり、両方を学んで、それぞれの良い点をとりいれている人も少なくありません。

四つん這いの呼吸

このエクササイズは四つん這いで行います。始める前に、両手足が適切なアライメントに位置しているか、ちゃんと時間をかけて確認してください。このエクササイズが最終的に目指すのは、胸郭を背中に向かって最大限に広げつつ下半身の安定を保つということです。そのためには、上背部や肩を緊張させずに、骨盤底を含む体幹の筋肉を働かせる必要があります。腰が反りすぎないように、首と背骨は一直線になるようにします。

1 両手を肩の真下に、そして両ひざを腰の幅に開いて腰の真下について、四つん這いになります。

2 背中はへこませます。

3　頭を自然に下げて、背骨を丸くします。

4　背中を2と3の中間のニュートラル・ポジションに戻します。これが最初の姿勢です。

上半身はリラックスさせる

首はリラックスさせ、背骨と一直線になるようにする

骨盤は安定させておく

5　体幹の筋肉を働かせて肋骨に息を吸います。その際、胸郭が背中に向かって広がるように神経を集中させます。それから息を吐き、胸郭を内側に向けて下げていきます。一連の動きを10回、繰り返します。

背骨のコントロール力を高める

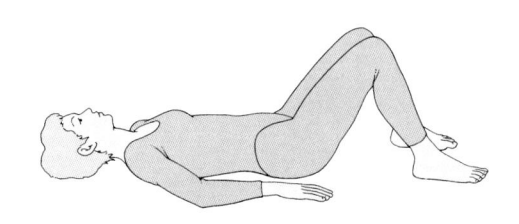

スパイン・リフトの基本
スパイン・リフトを行う前に、最初のアライメントが
正しいか、そして背骨と骨盤がニュートラルに
なっているかどうかをチェックしましょう。

86-87ページで紹介したスパイン・リフトを行ってみると、背骨がたくさんの椎骨から成っているという意識が高まったことでしょう。はじめのうちは、おそらくそれぞれの椎骨の独立した動きにほとんど気づかないのですが、エクササイズを続けて、背骨がしなやかになり、自分の身体の声に耳を傾けることができるようになるにしたがって、背骨の持つ能力と限界を敏感に察知して、正しくコントロールすることができるようになるはずです。また、体幹の筋肉を働かせて胴を安定させる能力を高めることにより、動きの一つ一つを、自信を持って楽に行えるようになります。

次のページで紹介する更に難しいエクササイズは、背骨のコントロール力を高めてくれます。ただし、これらのエクササイズに取り組むのは、基本のエクササイズが完全に自信を持って楽にできるようになってからにしてください。

スパイン・リフトのエクササイズで難しいのは、両腕を上げたときにも、体幹の筋肉を使い骨盤を安定させて、上背部が反らないようにすることです。高度なエクササイズに組み込まれた両腕を上げる動きは、背骨を伸ばし、肩の可動域を広げます。大事なのは、肩を丸めず、リラックスさせたまま、体幹の筋肉を使って背骨の動きをコントロールすることです。

より高度なエクササイズを行うためには、動きと呼吸の両方を今までよりもうまくコーディネートすることが必要になりますが、その結果として、動き全体がなめらかになるというメリットがあります。

はじめはエクササイズが難しく感じられても、心配することはありません——それでも基本のエクササイズよりはずっと高度なものに取り組んでいるのですから、焦らずゆっくりと上達を目指せばいいのです。

足裏の感覚を忘れずに

　スパイン・リフトは、腹筋の働きと足の裏全体にかける圧力の組み合わせで行うエクササイズです。このエクササイズを行う時には、三脚の台のように開かれた両脚に（どのようにするかを思い出すためにはP124-127参照）体重を均等にかけて、動きを最初から最後まで維持しておく必要があります。次のページで紹介するエクササイズを行っている間は、つねに両足全体を安定させ、同時にリラックスさせておくように心掛けてください。

焦らず、ゆっくり

　これまで行ってきたピラーティス・エクササイズのおかげで、あなたの身体は新しい動きに対処する準備ができているはずです。しかしどのエクササイズにも、あらたなチャレンジはつきものです。いかにも効果がありそうに見える、いちばん高度そうなエクササイズに飛びついてはいけません。時間をかけ、それぞれのステップを確実にこなして、すべての動きを身につけるようにしましょう。そうすれば、緊張をすることなく、安定した上達を望むことができます。

さらに高度なスパイン・リフト

ここでは2種類のエクサ
サイズを紹介していますが、どちらも86-87ページで紹介した基本のスパイン・リフトを
さらに高度にしたものです。体幹の筋肉を使って、動きを完璧にコントロールしなが
ら、基本のエクササイズをできるようになるまでは、これらのエクササイズに進まないで
ください。二つのうち、どちらのエクササイズをするにしても、腹筋を働かせ、背骨をお
へそにひきつけて、椎骨の一つ一つを床から持ち上げたり、下ろしたりしなくてはなりま
せん。両手を頭上に伸ばして行うパターンでは、スパイン・リフトの最後の段階で腕を
上げることにより、さらに背骨をしなやかに伸ばすことができます。両足を壁につけて
行う場合には、通常のスパイン・リフトよりも、さらにお腹のコントロール力が必要にな
ります。どちらのパターンでも、自分でコントロールできる高
さ以上に背骨を上げてはいけません。

腕を上に伸ばして行う
スパイン・リフト

基本のスパイン・リフトより少し難
易度を上げるためには、息を吸い
ながら両腕を頭上に伸ばします。
そして、その姿勢を維持したまま、
背骨を上げ、ふたたび背骨を床に
戻すとともに、ニュートラル・ポジ
ションにします。

両足を壁につけて行う スパイン・リフト

1　床に横たわり、両ひざが直角になるようにして、脚を腰の幅に広げ、足を壁につけます。背骨は伸ばしたままで、尾骨が反りかえらないようにします。

2　息を吐きながら、体幹の筋肉を使って背骨をカールさせ、床から上げていきます。両足で壁を押して、圧力をかけます。背骨をゆっくりと床に戻すときには、基本のスパイン・リフトと同じ要領です。この動きを4回繰り返します。

3　つぎに、さらに強い力をかけ、お尻の筋肉を働かせて、足で壁を押しながら、さきほどよりもう少し高くお尻をあげます。左のページの写真のように、お尻を一番高く上げたときに、同時に腕を頭の上に上げてもかまいません。

体幹の筋肉をしっかりと引き締めておく

お尻の筋肉を働かせる

両足に均等に圧力をかける

151

骨盤の安定

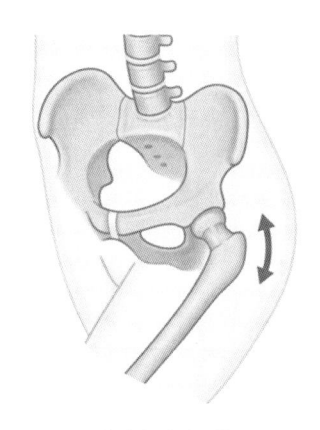

安定した骨盤

骨盤が安定していると、両脚が動いても、
股関節がぐらつくことがなく、脚を優雅に、
無駄なく、動かすことができます。

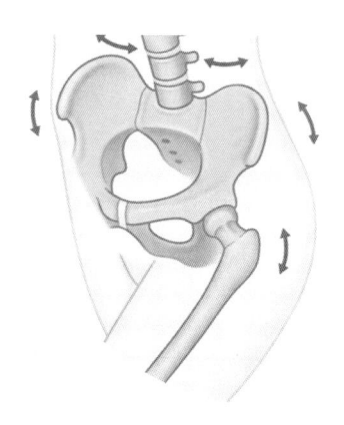

不安定な骨盤

骨盤が両脚と一緒に動いてしまうと、
その動きによって
胴と背骨に負担がかかります。

ピラーティス・エクササイズの自由で、無駄のない動きは、しなやかさとそして安定のバランスよい組み合せを基本にしています。関節を自由に動かすことができるようになるためには、まずその関節の周辺を安定させることが必要です。周辺の筋肉が関節と一緒に動いてしまうと、関節の動きに「とってかわって」しまうために、関節そのものはめいっぱい働く必要がなくなるのです。その結果として、使わなければ、関節はしなやかさを失い、硬くなってしまいます。そしてさらに、関節でしっかり固定されているはずの部分に不適切な動きが起こり、身体の他の部分にもアンバランスや負担が生じます。脚の動きを受け止める股関節は、体幹の筋肉が働いて骨盤が安定しているときにのみ、その機能を最大限に発揮します。

さらに高度なニー・リフト

次のページで紹介するダブル・ニー・リフト・アンド・ロールは、94-95ページで学んだ基本のニー・リフトを高度にしたものです。この新しいエクササイズを行うのは、骨盤を確実に安定した状態に維持したまま、基本のニー・リフトが簡単に行えるよ

うになってからにしましょう。

　このエクササイズを正しく行うためには、体幹の筋肉を使って、脚の動きにつられて横に動こうとする骨盤をまっすぐに維持しなくてはなりません。両脚の重みがかかるため、体幹の筋肉を強く引き締めなければなりません。このエクササイズでは、下腹部の斜筋を使います。また、呼吸を正しく行って、お腹をへこませ、深層部の腹筋を働かせることが必要です。

腰から始める

　このエクササイズでは、身体をひざではなく腰からひねるようにしなくてはなりません。骨盤と両脚が一体になった様子をイメージすればわかりやすいでしょう。背骨をひねり、体幹の筋肉で動きをコントロールしながら、腰と脚を左右どちらかの方向に倒します。足を倒した方向と反対側の肩甲骨が床から浮き上がりそうになったら、動きを止めます。こうなったらもはや動きが体幹の筋肉でコントロールされていないというサインです。両脚をセンターに戻しましょう。

ダブル・ニー・リフト・アンド・ロール

このエクササイズでは、まず最初に、息を吐きながらおへそを背骨に引き寄せ、お腹をへこませると同時に、体幹の筋肉を効果的に引き締めることに神経を集中させます。このポジションでは骨盤が安定します。骨盤が安定したポジションになったことを確認するまでは、腰をひねらないでください。覚えておいてほしいのは、このエクササイズを正しく行えたかどうかを判断するのは、どのくらい遠くまで身体をひねることができたかだけではなく、骨盤を安定させたままで、どのくらい遠くまでひねることができたかということです。慣れてくると、より強く身体をひねることができるようになりますが、それはあくまでも筋肉をコントロールすることがうまくなった結果だと思ってください。

1 両ひざを曲げて、ニュートラル・ポジションで横たわります。両腕は左右に広げます。体幹の筋肉を引き締めて息を吐きながら左右どちらかのひざを上げ、ひざが腰の真上にくるようにします。

2 次に息を吐きながら反対側のひざを上げ、最初に上げたひざの横にくるようにして、静止させます。反対側のひざを上げる時は、肋骨や腹筋を浮かせないようにします。残りの動きがすべて終わるまで、この両ひざはくっつけたままです。

3 息を吸って吐き出しながら、左右どちらかに腰をひねります。この時、頭を腰と反対の方向に向けます。この動きを行う時には、両ひざはくっつけたままで、腰からひねります。肩を浮かせずにできるだけ遠くまでひねったら、息を吐きながら脚をセンターに戻します。この動きを左右、5回ずつ繰り返してください。

両ひざと両足首は
くっつける

常に体幹の筋肉で
動きをコントロール
する

両肩は
床につける

楽な座り方

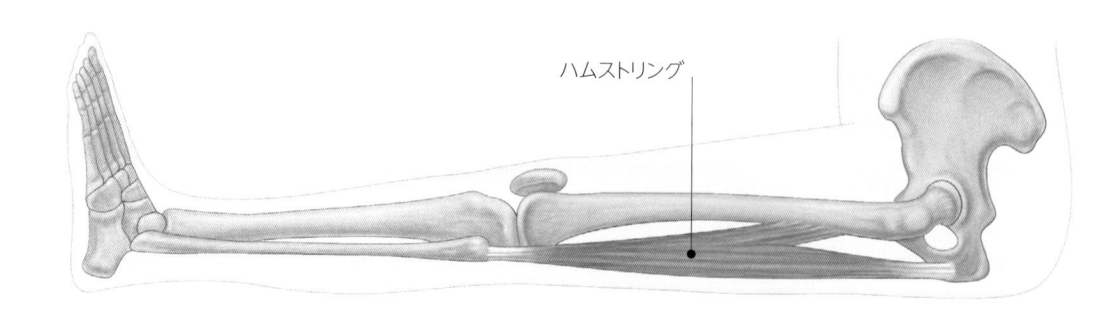

ハムストリング

両脚を伸ばす
両脚を伸ばして楽に座るには、
ハムストリングが十分に伸びる必要があります。

驚くべきことに、座ることは私たちが日常的に行う動作でありながら、実は高度なエクササイズでもあるのです。しかしながら、ボディーワークのスペシャリストたちの多くは、長時間椅子に座ることの多い西洋風の生活をしている人々が、床に脚を投げ出して座るという、脚にまったく負担をかけない座り方に違和感を訴えることを指摘しています。小さな子供たちは、這ったり、しゃがんだり、さまざまな姿勢で座ったりと、実に長い時間を床の上で過ごします。子供の関節はしなやかで、主要な筋肉も、バランスが崩れたり短くなったりしていません。床に座ることは、子供たちにとってはごく自然で、楽なことですが、大人になると、ほとんどの人が、この座り方をもう一度正しく学びなおす必要があります。

問題になる部分

私たちが脚を伸ばしたままで床に（楽に）座ることができない主な理由は、使われずにいたハムストリングが短くなってしまっているためです（P96-99参照）。ハムストリングが硬くなると、座ったときに、脚を伸ばすと同時に、背中をまっすぐにしておくのが難しくなります。これは、短くなったハムストリングが骨盤を引っ張って、アライメントをゆがめてしまう傾向があるからです。この短くなったハムストリングに逆らって、背骨をまっすぐにさせるためには、きわめて強い体幹の筋力が必要になります。

適切なエクササイズ

　基本エクササイズのプログラムの一部として、あなたはすでに少なくとも2週間はハムストリングのストレッチを行ってきたはずです。ハムストリングのストレッチは、今後も非常に重要ですから、必ずお決まりのエクササイズ・プログラムの一部に取りいれるようにしましょう。

　次のステップでは、まず両脚を身体の前にまっすぐ伸ばして床に座ってみてください。この時、両足は軽くはなして平行にしておきます。体重が座骨に均等にかかるように神経を集中させてください（座骨は、座った時にお尻の下に感じることができるはずです）。体幹の筋肉を引き締めて、背中のアライメントを正します。ハムストリングがとても柔らかくないかぎり、この姿勢で両脚を身体の前にまっすぐ伸ばしたままにしておくのは困難なことだと気づくはずです。その場合には、次のページのイラストにあるように、硬いクッションを二つ用意します。一つはお尻を垂直にするためにお尻の下に、もう一つを両ひざの下に置いて支えにしてから、エクササイズを始めてください。支えがもっと必要な場合には、背中をまっすぐにして壁にもたれかかるのもいいでしょう。

座ったままで行うハムストリングのストレッチ

このエクササイズでは、最初に座った姿勢でのストレッチを行います。見た目よりもハードなエクササイズですので、ちゃんと必要な部分がストレッチできているかどうか、細心の注意を払って行いましょう。このストレッチを少なくとも1週間行ったら、次のハムストリングと背中のストレッチのエクササイズへ進みます。ここで行う伸展のエクササイズは、背骨をしなやかにし、そして背中を伸びやかにします。もう一度いいますが、エクササイズによってどの程度効果を得られるかは、どれだけハードにエクササイズしたかではなく、どれだけ正確にエクササイズを行ったかによって決まります。

座った姿勢でのストレッチ

1 両脚を前に伸ばし、座骨の上に身体を乗せて座ります。この時、両ひざはまっすぐ上を向かせ、両脚は少し離して平行にします。必要なら、157ページで示したように、クッションを使って身体を支えてください。肋骨に息を吸い、吐きながら体幹の筋肉を働かせて、腰から胴全体をまっすぐに伸ばします。太腿の筋肉はリラックスしたままです。これを5回、繰り返します。

2 1の動作を繰り返しますが、今度は息を吐くときに、できるだけかかとを遠くへ伸ばす感覚で、両足をフレックスにしてください。つま先はリラックスさせて、ハムストリングが伸びるのを感じてください。息を吸いながらリラックスします。これを5回、繰り返します。

ハムストリングと背中のストレッチの組み合わせ

座ったままで行うハムストリングのストレッチと同じ体勢で座り、肋骨に息を吸い込み、吐きながら鼻先をおへそにつける様子をイメージして、頭の重みにまかせて、身体を前屈させます。背中が丸くなってもかまいませんが、体幹の筋肉を働かせて、常に背中が伸びている感覚を意識してください。動きに伴って両腕が前に来てもかまいません。両肩は引き下げ、太腿はリラックスさせておきます。身体を二つに折るのではなく、気持ちがいいと感じるところまで、身体を丸くして前のめりになります。

股関節の回旋

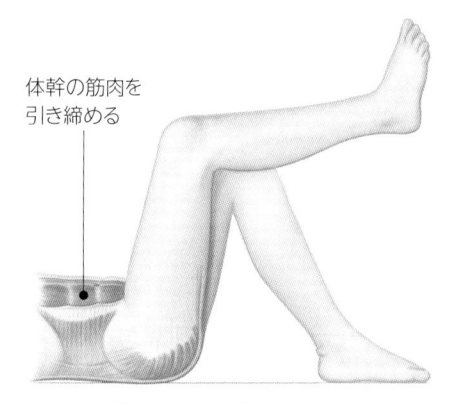

体幹の筋肉を
引き締める

身体の中心を安定させる
骨盤を安定させるために腹筋を
引き締めることが、このエクササイズの
キー・ポイントです。

本書で紹介するいくつかのエクササイズは、骨盤から独立させて両脚を動かす能力とともに、骨盤の安定性を発達させることの大切さを強調しています。脚を独立して動かし、骨盤を安定させることができるようになると、不必要な筋肉を酷使せずに、適切な筋肉を働かすことができるようになります。どのエクササイズも、異なった動きを通して、骨盤のコントロール力を高めるようにデザインされています。エクササイズはどれも目指すところは同じですが、それぞれのエクササイズに組み込まれているさまざまな動作は、異なったグループの筋肉を動かしたり、伸ばしたり、働かせたりします。

働く部分

次のページで紹介するエクササイズは、深層部のお尻の筋肉を引き締めます。この部分の筋肉を伸ばすと、腰と脚の無駄な動きがなくなります。長い目でみると、これは股関節の磨耗を軽減することにつながりますし、それによって、高齢になってからの骨関節症のリスクを減らすことができます。このストレッチ運動とあわせて、腰の回旋を行えば、関節を取り囲んで保護している靭帯をゆっくりとストレッチすることができます。その結果、まずは股関節の、次いで脚の可動域が徐々に広がります。

ストレッチを感じる

腰の回旋は、体幹の筋肉にとってコントロールするのが難しい動きです。最も大事なのはなのは、腰が動くことのないよう、しっかり安定させておくことです。エクササイズを行っている間、骨盤はニュートラル・ポジションにしっかりと固定しておかなければなりません。また、腰のまわりのお尻の深層部の筋肉が動いているのも意識できるはずです。時々股関節のあたりに鈍い

痛みを感じたり、初めてこのエクササイズを行った翌日には、筋肉が張った感じがするかもしれません。このような感覚があれば、普段は忘れさられている筋肉をいくぶんかでも使った証拠です。ピラーティス・メソッドでは、これらの普段はあまり意識されないような筋肉が、身体の無駄のない動きのためには、とても重要だと考えます。

独立した動き

ある動きをするために特定の筋肉を働かせ、それと同時にその周辺部の筋肉をリラックスさせる能力は、ピラーティスの基本的なテクニックです。このエクササイズでは、つま先は軽くポワントにしますが、けっして緊張させてはいけません。つま先が「固まる」と、その緊張が脚全体に伝わり、正しい動きが抑制され、阻害されてしまいます。

ターンアウト

ピラーティス・エクササイズでは、両脚を股関節からできるだけターンアウトすることを強調しています。これは、例えば座ったときに脚を組むなど、大半の人が足を内側に曲げる傾向があるためです。

ターンアウト・ニー・レイズ

このエクササイズはあおむけで行います。エクササイズの間は、骨盤をニュートラルのままにしておくのが重要です。始める前に、50-51ページで示したように、何回かペルヴィック・ティルトを行って、骨盤をニュートラル・ポジションにしておくのがおすすめです。両腕はリラックスしたままにしておきますが、両手を下腹部に添えると、骨盤周辺の安定感が高まるという人もいるかもしれません。

1 ニュートラル・ポジションで
楽に横たわります。

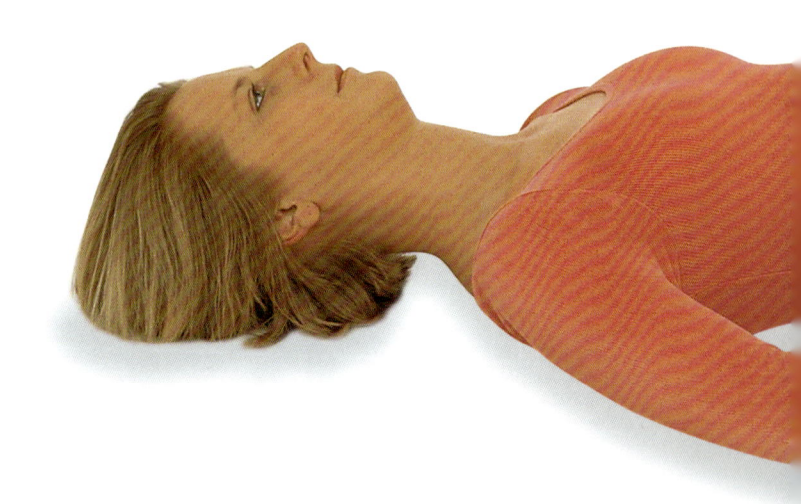

2　息を吐き、体幹の筋肉を働かせて片方のひざを上げます。両方のつま先に軽くポワントにします。息を吸います。

軽くポワントにした
つま先

骨盤は安定させる

腰からひねる

3　息を吐きながら、上げた方の脚の股関節をひねり、その足をもう片方の脚のひざに近づけます。息を吐きながら脚をセンターに戻し、同じ動きを5回、繰り返します。反対側も同様に5回、繰り返します。

163

さらにお腹を鍛える

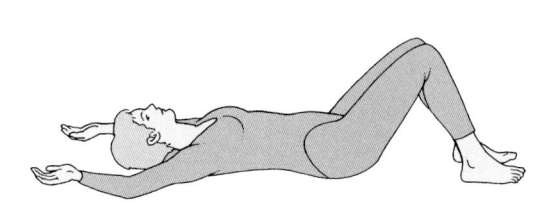

両腕を上げて行うアブドミナル・カール

アブドミナル・カールを行っている最中に、
両腕を頭の上に上げると、
エクササイズの難易度が上がります。

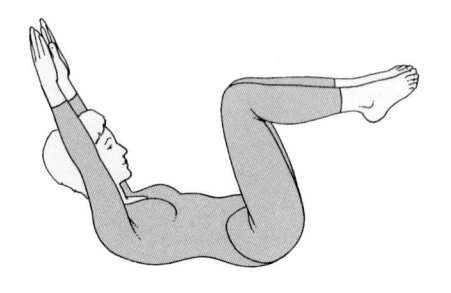

両腕と両脚を上げて行うアブドミナル・カール

アブドミナル・カールを行っている最中に、
両腕と両脚を持ち上げることで、
さらに筋力をつけることができます。

腹筋力をつけることは、ピラーティスでも一番重要な目標です。この目標を達成するためのキーポイントとなるエクササイズ・グループがいくつかありますが、その一つがアブドミナル・カールです。基本のエクササイズの中では、両手で頭を支えて行うアブドミナル・カールを行ったことでしょう。この基本のカールがまだ楽にできないうちは、次のページで紹介するエクササイズを行うのはやめましょう。先に進める状態になるまでには、数週間を要するのが普通です。

難易度を上げる

アブドミナル・カールの難易度を上げる方法はいくつかあります。一つの方法は、エクササイズの最中に持ち上げている部分を伸ばすことです。両肩を床から持ち上げる場合、両腕を頭の横にそえているときより、頭の上に伸ばしているほうが、難易度はずっと高くなります。166ページで最初に紹介しているエクササイズは、頭の上にあげた腕のストレッチとアブドミナル・カールを組み合わせたものです。このエクササイズは、注意深く呼吸とコーディネートする必要がありますが、ひとたびそのテクニックを習得してしまえば、優雅で、自信に満

ちた動きを自分のものにすることができる
ようになります。

　また、脚を上げることによっても、アブド
ミナル・カールの難易度は増します。この
姿勢でエクササイズを行う場合は、両足は
もはや "てこ" の役割を果たさなくなります
から、いっそう意識して体幹の筋肉を働か
さなくてはなりません。二つ目の高度なエ
クササイズは、ニー・リフトのエクササイズ
を含む、さらに高度なエクササイズです。
このエクササイズを無理なく、安全に行う
ためには、集中力と身体に対する意識が必
要です。動きはすべて、腹筋によってコント
ロールしなくてはなりません。首を前に突
き出したり、背骨を丸めたりして、無理な動
きをしてはいけません。難しすぎると感じ
たら、これよりも簡単なアブドミナル・カー
ルを、もうしばらく行うようにしましょう。

　最後のエクササイズ、コンバインド・カー
ルは、前述の二つの動きをあわせたもの
で、腹筋によく効く、むずかしいエクササイ
ズです。

リリースを忘れない

どのお腹のカールを行っても、エクササイズの
最後は常に、103ページで示したリリース・ポジ
ションをとります。

さらに高度なアブドミナル・カール

ここで紹介する高度なアブドミナル・カールを始める前には、骨盤がしっかりとニュートラル・ポジションにあることを確認してください。一番目のエクササイズでは、この姿勢を最後まで維持しなくてはなりません。二番目と三番目のエクササイズでは、腰椎のカーブをフラットにして、背骨を床に密着させます。しかし、仙骨が身体から遠くに伸びている感覚は持ち続けてください。どのエクササイズでも、背骨をカールさせるだけでなく、ストレッチしている感覚を維持するようにしましょう。途中で姿勢が崩れないように、体幹の筋肉をしっかり働かせてください。お腹が突き出たり、筋肉が震えたりし始めたら、必ずエクササイズを中止してください。これは、エクササイズがあなたにとってはハードすぎる、手足を持ち上げる位置をもっと低くするか、あるいはもっと簡単なエクササイズに戻りなさいという合図です。

腕を上げて行う
アブドミナル・カール

1 ニュートラル・ポジションで横たわって、腕を頭の上に上げます。

2 いつものようにアブドミナル・カールを行いながら、両腕をすこし曲げた形で上げ、最後に息を吐ききった瞬間に、ちょうど床の上に来るようにします。

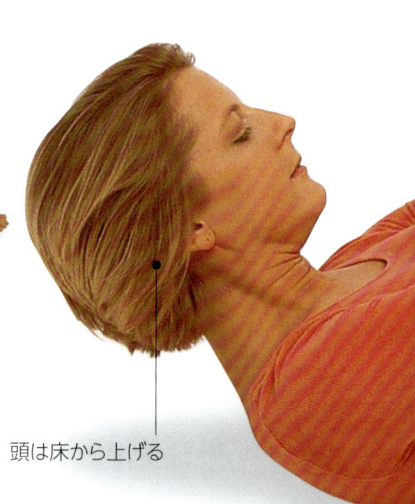

頭は床から上げる

脚を上げて行う
アブドミナル・カール

1　両腕を身体の横に置いて横たわり、両ひざが腰の真上にくるように脚を上げます。

2　いつものようにアブドミナル・カールを行います。ただし、この姿勢でアブドミナル・カールを行うと、体幹の筋肉をさらに強く働かせる必要があることに気づくでしょう。

両腕は頭の上に
置いた位置から
上げる

両脚は上げておく

体幹の筋肉で
動きをコントロールする

腕と脚を同時にあげる

前述の二つの高度なアブドミナル・カールをマスターしたら、次は腕も脚もあげたパターンに挑戦してみましょう。

ハンドレッド

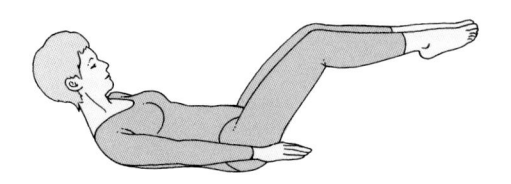

ピラーティス本来のエクササイズ
ハンドレッドは、筋力のコントロールと
コーディネートという二つの要素を併せもつ
エクササイズです。

ピラーティス・エクササイズの 中 で、もっともよく知られているのがハンドレッドであり、このエクササイズはピラーティスを基本にした、ほとんどすべてのプログラムに組み入れられています。ジョーゼフ・ピラーティスの考案したオリジナル・バージョンでは、ハンドレッドは呼吸のコントロールや腹筋力、そして全身の動きのコーディネートや意識を必要とする、一連の動作からなるハードなエクササイズでした。

練習と上達

このピラーティス本来の形で、ハンドレッドを楽に行うことができるようになるには、何ヶ月もの練習が必要です。しかし、あきらめないでください。多少の修整を加えたバージョンから練習を始めて、十分な筋力

とコントロール力がついた時点で、最初から最後まで一連の動きを続けて行うこともできます。

ハンドレッドの本質

ハンドレッドを行うには、背骨のアライメントをニュートラルにしたままで、上半身と両脚の重みを支えることのできる体幹の筋力がなければなりません。ピラーティス自身は、このエクササイズを行うときには、両脚を床と平行に上げていました。しかし、この姿勢でハンドレッドを行って背骨を傷めないのは、かなりエクササイズの経験を積んだ上級者だけであり、初心者はけっして真似をしてはいけません。両脚を高く上げれば上げるほど、腹筋にかかる負担は少なくなります。したがって、初心者の場合は、まず両ひざを曲げた姿勢からエクササイズを始めるようにしましょう。例え、すでにピラーティスを経験して、脚を伸ばして行うことができるという人でも、けっして両脚と床との角度が45度以下にはならないようにしましょう。

ハンドレッド（百）の名前は、ピラーティスが勧めている繰り返しの数に由来します。ですが、これはあくまでも最終的な目標の回数です。目標は目標であり、この回

数をすぐに達成できると思ってはいけません。まずは20-30回を目標にしましょう。間に短い休憩を挟んで、20-30回ずつ繰り返し行えばいいのです。常に、以前やったことのある回数をもとにして進め、それからハンドレッドすべてができるまで練習することを目指してください。

呼吸のコントロール

　正しく呼吸をコントロールすることは、ハンドレッドを行う上で必要不可欠な条件です。エクササイズを行うときは、くれぐれも呼吸が正しくコントロールできる範囲の回数にとどめておくようにしましょう。リズミカルで、なめらかな呼吸を行うと、ハンドレッドのエクササイズに有酸素運動の要素が加わって、身体を活性化してくれるという嬉しい効果をもたらしてくれます。

ハンドレッドの練習

このページでは、初心者向けのものから、上級者用のヴァリエーションまで、ハンドレッドを行うときの脚のポジションをいくつか紹介します。脚をどのポジションにしても、呼吸と腕の動きはかわりません。このエクササイズの目標は、全身のアライメントのコントロールだということを、常に心にとめておきましょう。全身のアライメントを正しくすることは、何度も練習を積み重ねて初めて自分のものにすることができるテクニックです。エクササイズをすべて終えた後は、しばらくリリース・ポジションで休みます（P103参照）。

初心者のポジション

ニュートラル・ポジションから始め、息を吐きながら、体幹の筋肉を引き締めます。アブドミナル・カール（P102-103）をすると同時に、肩を上げ、腕を床から少し浮かせて、前に伸ばします。5つ数える間、息を吸いながら、両腕を10回わずかに上下させます。このエクササイズを初めて行う人は、途中で休まず、4-6回腕の上げ下げを繰り返し、これを最終的に10回まで増やす（つまり両腕の上げ下げを100回）ことを目標にしてください。

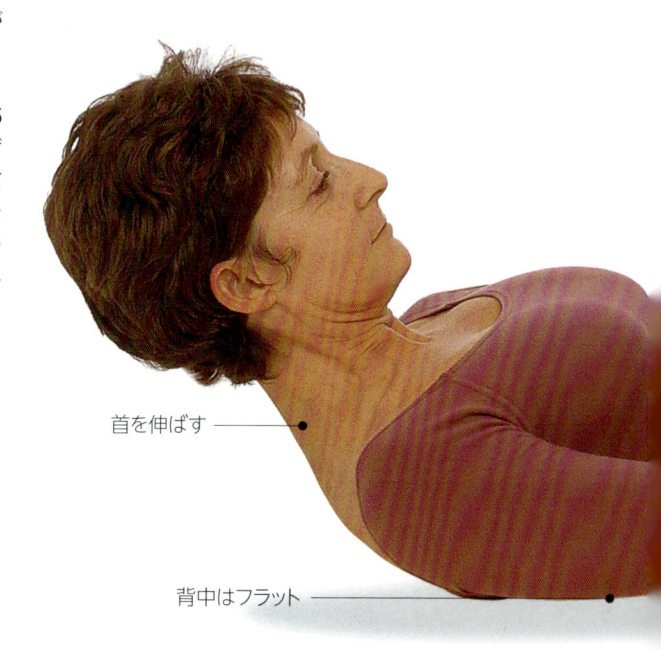

首を伸ばす ———

背中はフラット ———

中級者のポジション

要領は、初心者用と同じですが、両
ひざを直角にして、腰より高くあげて
行います。

両脚を伸ばす

両腕を伸ばす

上級者のポジション

両脚を伸ばすことによって、エクササイズ
の難易度は増します。ただしこのポジ
ションでハンドレッドを行う前に、背中が丸
くならずに、エクササイズを行うために十
分な腹筋力がついていることを確認しま
しょう。

斜筋を働かせる

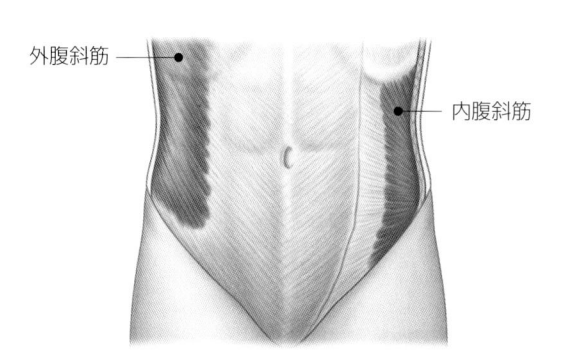

外腹斜筋 ─

─ 内腹斜筋

斜筋の構造
斜筋は横腹筋の上を走る、
二層からなる腹筋で構成されています。

腹斜筋は、お腹の中心から左右のわき腹へ対角線上に走る筋肉です。胴身体の回旋に関わり、背骨、お腹、骨盤を安定させるために重要な役割をはたしています。斜筋がよく引き締まっていれば、ほっそりとしたウエストとよい姿勢を手に入れることができます。

腹筋

次のページで説明しているように、ダイアゴナル・ショルダー・レイズができるようになるためには、腹筋に基本的なレベルの筋力が備わっていることが必要です。102-103ページで紹介したアブドミナル・カールを少なくとも2週間以上練習してか

ら、斜筋のエクササイズへ進むようにしましょう。もし、腹筋が弱すぎて、動きを安全にコントロールできないうちに、斜筋のエクササイズに含まれている持ち上げとひねりを組合せた動きを行ってしまうと、緊張を生じる可能性があります。

斜筋を働かせるコツ

ダイアゴナル・ショルダー・レイズのエクササイズ（P174-175参照）では、斜筋を使って、左右どちらかの肩を持ち上げ、同時に腰を上げた肩と反対側にひねります。ここで目指すのは、いかに高く腰を上げることではなく、おへそを背骨にひきつけて、骨盤を安定させつつ、効果的に腰をひねることを目指します。以下のガイドラインを心に留めておいてください。

● 首からではなく、腰からひねるつもりで行いましょう。
● ひじではなく、わきの下を腰に引きつけます。
● 後頭部に添えた両手で、頭を押し上げてはいけません。
● エクササイズの間は、両肘を広げ、胸を開いておきます。
● 両ひざと両足は腰の幅に開いて平行にしておきます。エクササイズの最中に両

ひざが開いていくようなら、ひざの間に、クッションかきつめに巻いたタオルを挟みます。

準備

　両手を後頭部に当て、肘の下部を床につけて身体を左右に揺する練習をすることで、この動作の感覚を磨いてください。

スポーツで使うひねり

　斜筋力を強化して、腹筋を休ませつつ、うまく使うテクニックを身につければ、運動能力を高めることができ、捻挫やけがのリスクを減らすことができます。特に斜筋を使うスポーツは、ゴルフ、テニス、スカッシュといった、胴をひねる動きを伴うものすべてです。

ダイアゴナル・ショルダー・レイズ

ダイアゴナル・ショルダー・レイズは、形を変えて、いろいろなエクササイズ・プログラムに組み込まれています。ピラーティスのやり方でダイアゴナル・ショルダー・ストレッチを行う場合は、肩を持ち上げている間はずっと、お腹をへこませることに神経を集中させます。エクササイズを行っていくうちに、お腹がドーム上に膨らむようになったら、それはもう、動きをコントロールできる限界を越えてしまった合図です。この状態になると、もはや筋肉を正しく引き締めることができなくなっているのですから、さらに高く身体を持ち上げようとしても意味がありません。息を吸い、リラックスしてから、エクササイズを続行しましょう。

1 ニュートラル・ポジションで横たわり、両手を頭の後ろに添えます。息を吸います。

頭は両手で
軽く支える

両肘は
広げておく

正面から見たところ

エクササイズをうまく行うコツは、わきの下のくぼみを反対側のひざに引き寄せるような動きをイメージすることです。首を引っ張ることのないよう、両肘は開いておきます。

2　息を吐きながら、体幹の筋肉を働かせて左右どちらかの肩を床から浮かせます。この時に腹筋をつかって、身体を引き上げ、動きをコントロールします。首はリラックスさせておきます。両手はただ頭に添えるだけです。手で頭を押し上げようとはしないでください。

足の裏をしっかりと床につけておく

ダイアゴナル・ストレッチ

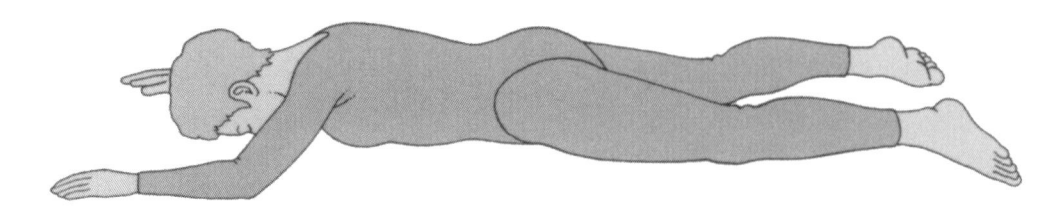

ストレッチを感じる

このエクササイズは、ウエストから上も下も、
背骨全体を十分に伸ばします。

交互に伸ばすときに、股関節を安全にストレッチすることができます。

ステップ・バイ・ステップ

うつぶせで行う足のストレッチが自信を持って楽にできるようになったら、いつでもこのエクササイズに進んでも大丈夫です。基本的なエクササイズで、うつぶせの姿勢でお腹をへこませること、そしてその姿勢を維持しながら脚を交互に伸ばすテクニックについてはすでに学んでいるはずです。

次のステップでは、お腹を同じようにへこませたまま、うつぶせの姿勢で両腕を伸ばします。体幹の筋肉を意識し、左右の肩と肩甲骨が首から引き下ろされていることに絶えず注意を払ってください。両腕は伸ばしますが、常にリラックスした状態にしておきます。肩を丸めず、力をこめて腕をつっぱらなければ、自然と腕は伸びやかになるはずです。

腕のストレッチのテクニックをマスターしたら、ダイアゴナル・ストレッチで、腕の

ダイアゴナル・ストレッチは、110-111ページで紹介した、うつ伏せで行う脚のストレッチをさらに高度にしたものです。きわめて小さな動きですが、実際にやってみるとすぐに、想像よりはるかにハードなエクササイズであることがわかるはずです。

ダイアゴナル・ストレッチは、胴全体を鍛えます。また、肩の周りも使うために、肩の関節を支える組織、つまりショルダー・ガードルを安定させます。この部分が安定すれば、肩の関節の可動域が広がり、腕の動きが自由になります。次に動くのは、背骨にそって走る筋肉全体です。エクササイズの間、腹筋も引き締められ、支えられているため、背中を伸ばす動作が緊張をもたらす危険性を減らしてくれます。下腹部で、骨盤が安定していると、左右の足を

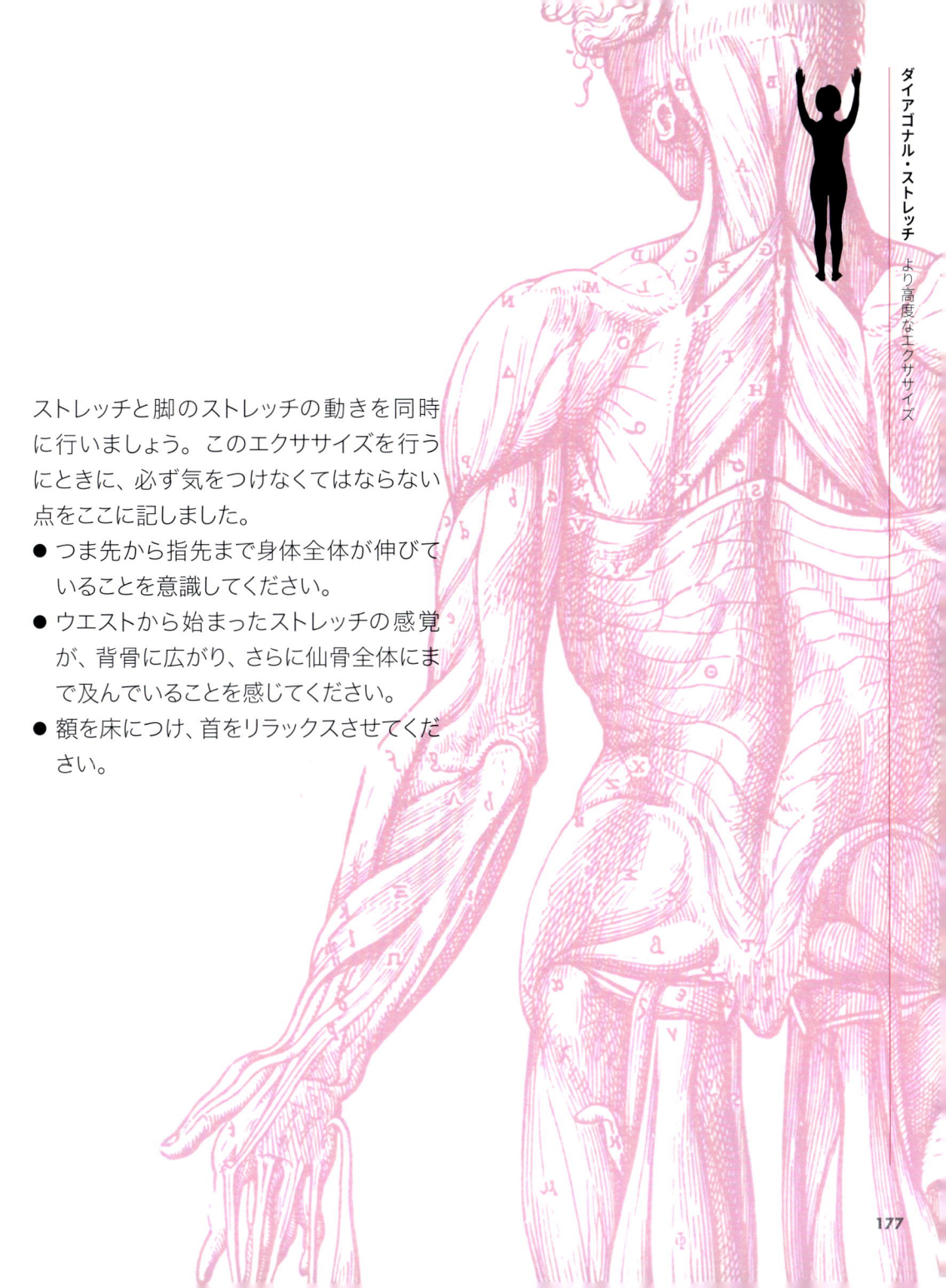

ストレッチと脚のストレッチの動きを同時に行いましょう。このエクササイズを行うにときに、必ず気をつけなくてはならない点をここに記しました。

- つま先から指先まで身体全体が伸びていることを意識してください。
- ウエストから始まったストレッチの感覚が、背骨に広がり、さらに仙骨全体にまで及んでいることを感じてください。
- 額を床につけ、首をリラックスさせてください。

いろいろなダイアゴナル・ストレッチ

ダイアゴナル・ストレッチは、最もハードで、それだけに満足感も大きいエクササイズの一つです。いい加減なやり方では何の効果も得られませんが、エネルギーと集中力を注いで行えば、1回ごとに背骨が伸びてゆくのを感じられることでしょう。焦って、全部の動きを一気にマスターしようと思う必要はありません。それぞれの動きを練習して、徐々に身体を慣らしてから、脚のストレッチと腕のストレッチの両方を組み合わせて行うようにしましょう。

1　両腕を頭上に伸ばしてうつぶせになり、床に額をつけます。うつぶせで行う脚のストレッチを（P110参照）を左右の脚で、それぞれ2-3回ずつ繰り返します。

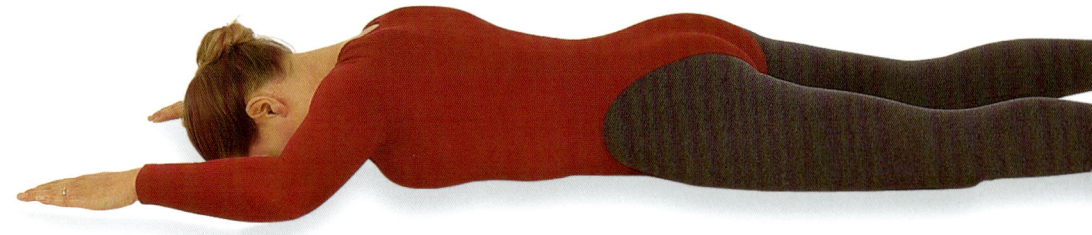

肩甲骨が
盛り上がらない

ウエストも
伸びやかに

2　左右どちらかの腕を床から少し浮かせます。肩甲骨から腕を上げ、胴のその他の部分は体幹の筋肉でしっかりと安定させている様子をイメージしてください。同様の動作を左右交互に4回ずつ繰り返します。

3　息を吐きながら、どちらかの腕を上げ、同時に腕とは反対側の脚を上げます。ウエストを中心にして、指先とつま先をそれぞれの方向に思いっきり気持ちよく伸ばしましょう。同じ動きを左右それぞれ4回ずつ繰り返します。

脚は持ち上げて伸ばす

179

ジャベリン

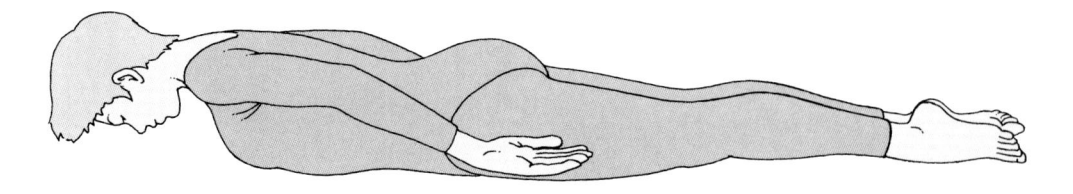

まっすぐなストレッチ
このエクササイズの目的は、
背骨をストレッチして、
身体を上下に長く伸ばすことです。

ア　ローという名前でも知られるエクサ
サイズでは、うつぶせで行う内腿の
引き締め（P114参照）と背中のスト
レッチ（P106参照）のテクニックを組み
合わせて、身体をコントロールします。両
腿の間に挟むためのクッションや丸めたタ
オル、そして場合によってはお腹を支える
ために、さらにもう一つクッションを用意し
ます。額の下には、薄めのパッドを置くよ
うにします。

形をイメージする

ジャベリン（投げ槍）という名前からもわ
かるように、これは身体を長く伸ばすエク
ササイズです。まず、自分自身の身体が細
い流線型の形のジャベリンになったところ
を想像してください。このようなイメージ
トレーニングは、しばしば言葉よりもダイ
レクトに、要求されているポーズがどんな
ものかを伝えてくれます。

イメージトレーニングが役に立つのは、
身体のポジションを伝えるときだけではあ
りません。これから行おうとする動きを頭
の中で思い描くことによって、筋肉をどのよ
うに使うかもわかりやすくなるのです。

このようにごく小さな動きのエクササイ
ズにおいてさえ、ある一定の方向にむかっ
て、エネルギーの移動が行われています。
このエクササイズでは、頭は前方に移動し
ているイメージですが、体内のエネルギー
は、首から背骨と両腕を駆け抜けて、つま
先へと流れています。意識を集中させて、
エクササイズの間中、ゆっくりと深い呼吸
を維持できていることをチェックしてくだ
さい。

力の振り分け

このエクササイズでキーポイントとなる
テクニックはアイソレーション（分離）です。
お腹、骨盤底、背中、お尻の筋肉をすべて

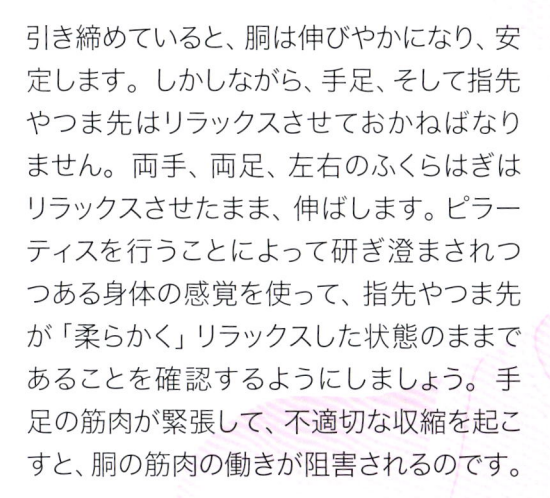

引き締めていると、胴は伸びやかになり、安定します。しかしながら、手足、そして指先やつま先はリラックスさせておかねばなりません。両手、両足、左右のふくらはぎはリラックスさせたまま、伸ばします。ピラーティスを行うことによって研ぎ澄まされつつある身体の感覚を使って、指先やつま先が「柔らかく」リラックスした状態のままであることを確認するようにしましょう。手足の筋肉が緊張して、不適切な収縮を起こすと、胴の筋肉の働きが阻害されるのです。

「伸びやかな」身体

　ピラーティス・システムでは、多くのエクササイズが背骨を長く伸ばすようにデザインされています。エクササイズを行うと、背骨を支える胴の筋肉の動きが活発になり、身体の重みで押しつぶされて硬くなった関節の動きが楽になります。その結果、身体を自由に動かすことができるようになり、姿勢が良くなって、背が高くなったような印象を与えます。

ジャベリンの練習

このエクササイズは、うつぶせの姿勢で始めます。エクササイズを始める前に、時間をかけて、104ページで説明したようにアライメントを調整しましょう。これを怠ると、エクササイズを行うことによって、アライメントのゆがみをさらに助長してしまう恐れがあります。次に、うつぶせで行う内腿の引き締め（P114参照）と背中のストレッチ（P106参照）を2-3回、繰り返します。この二つを行うことで、ジャベリンで使う主な筋肉の場所を意識し、それらを他の筋肉から分離して使うことができるようになります。二つのうちのどちらかが難しいと感じるようなら、まだジャベリンを行う段階には至っていないということですから、もう少し時間をかけて、次のレベルに移る準備のエクササイズをマスターするようにしてください。

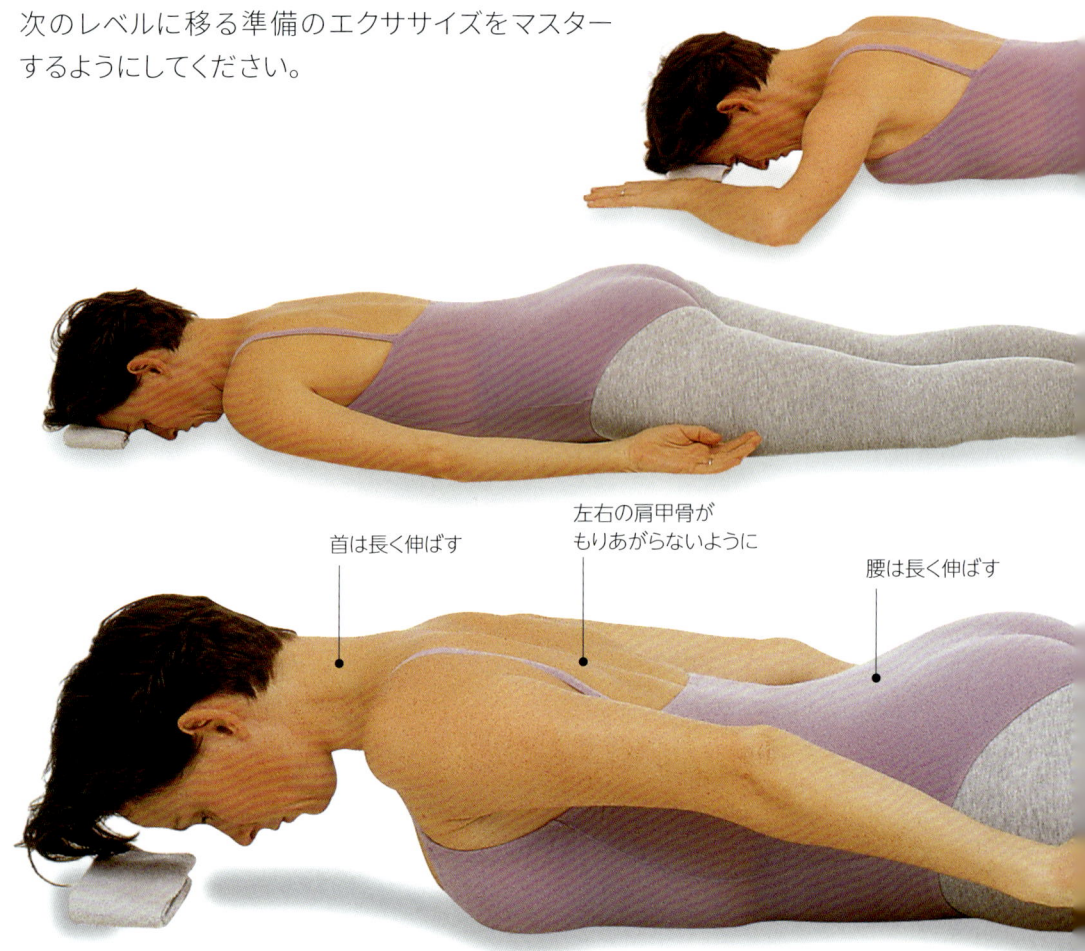

首は長く伸ばす

左右の肩甲骨が
もりあがらないように

腰は長く伸ばす

ジャベリンの準備

1　両腕を上げてうつ伏せになります。太腿の間にクッションか丸めたタオルを挟みます。

2　息を吐きながら内腿の筋肉でクッションを締めつけます。これを5回、繰り返します。クッションをはずします。

3　手の平を上に向け、腕を身体の脇に伸ばします。肩甲骨は盛り上がらないように引き下げておきます。息を吸います。

4　息を吐きながら、体幹の筋肉を引き締め、最初にはさんでいたクッションがまだそこにあるつもりで、左右の内腿を締めつけます。この時、同時に腰を上にストレッチして、首を長く伸ばし、頭と両肩を床から少し浮かせます。両腕と指先を両足の方へ伸ばします。これを5回、繰り返します。

両脚はつま先をリラックスさせて伸ばす

立った姿勢で腕を鍛える

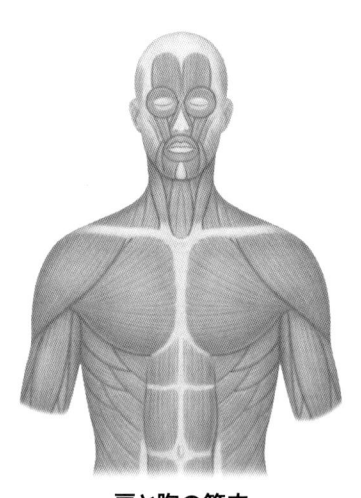

肩と胸の筋肉
腕のエクササイズには、
肩、胸、上腕の筋肉をすべて使います。

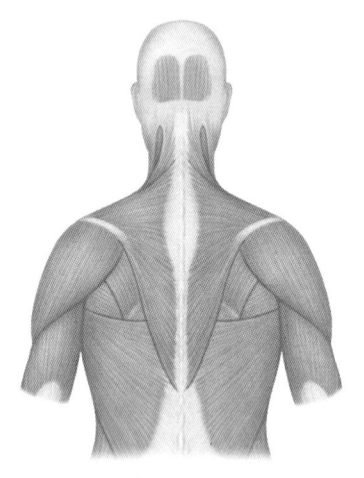

上背部の筋肉
僧帽筋は肩の筋肉や広背筋と連動して、
肩甲骨を安定させます。

腕のエクササイズは、一見、簡単で楽に見えますが、実際は、このエクササイズを効果的に行うためには、胴をかなりしっかりと安定させることが必要です。

腕の動きの起点

上腕は肩の関節を起点として動きます。ここは非常に可動性の高い球窩関節で、自由に動けば、腕を360度回転させることができます。現代生活では、肩の関節を潜在能力ギリギリまで使うということはほとんどありません。その代わりに、上半身の動きによって、腕を動かすことがあまりにも多すぎます。その結果として、あまり使われることのない肩の関節が硬くなります。これがさらなる悪循環を生み出して、身体のバランスを崩し、本来の筋肉の可動域が狭くなってしまいます。

可動性の回復

　腕の動きは、上腕・肩・胸の筋肉から始まり、コントロールされるべきです。腕を動かしている間、肩甲骨が安定していると、これらの筋肉が活発に働きます。次のページで紹介するエクササイズは、肩甲骨を引き下げると同時に、引き下げた状態で肩を安定させるためのものです。それができれば、肩の関節が自由に動くようになり、新たに獲得した可動性を利用して、正しい筋肉を使って、腕を回すことができるようになります。そして、その結果として、肩、胸、上腕の周囲の筋肉が活発になり、引き締まります。また、これらのエクササイズは、僧帽筋上部の緊張をほぐしてもくれます。

姿勢についての注意事項

　腕のエクササイズは、自分の直立した姿勢を、もう一度見直し、さらに改善していくきっかけにもなります。腕のエクササイズは、安定して、正しいアライメントの状態で行わなければなりません。始める前に、まず鏡の前に立ち、124-125ページの指針に従って、自分の立ち姿を注意深くチェックしてください。

腕の運動と回旋

このページで紹介するエクササイズは、胴を動かさないこと、そして両肩を落とすことの2点に神経を集中させて行います。両肩が丸くなるという最もありふれた間違いが起きていないかどうか、絶えず確認をするために、一番いいのは鏡の前で行うことです。しかしながら、エクササイズを行っていくうちに、身体の意識が高まって、最後には間違いを自然に感じるようになり、肩が上がっているかどうか、自分で即座に分かるようになります。一連のエクササイズの動きと動きの間に、肩を下し、揺すったりして、緊張を取り除き、もう一度、細心の注意をはらって、スタートの姿勢に戻るようにしましょう。

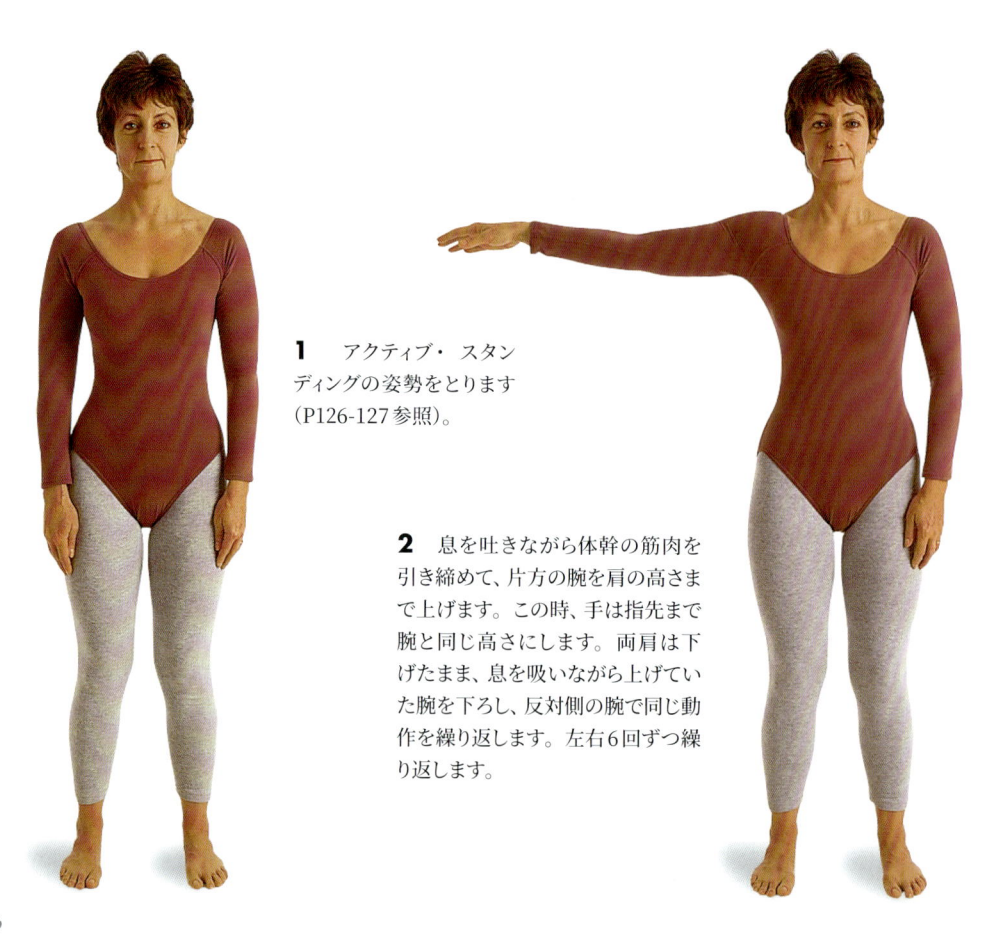

1 アクティブ・スタンディングの姿勢をとります（P126-127参照）。

2 息を吐きながら体幹の筋肉を引き締めて、片方の腕を肩の高さまで上げます。この時、手は指先まで腕と同じ高さにします。両肩は下げたまま、息を吸いながら上げていた腕を下ろし、反対側の腕で同じ動作を繰り返します。左右6回ずつ繰り返します。

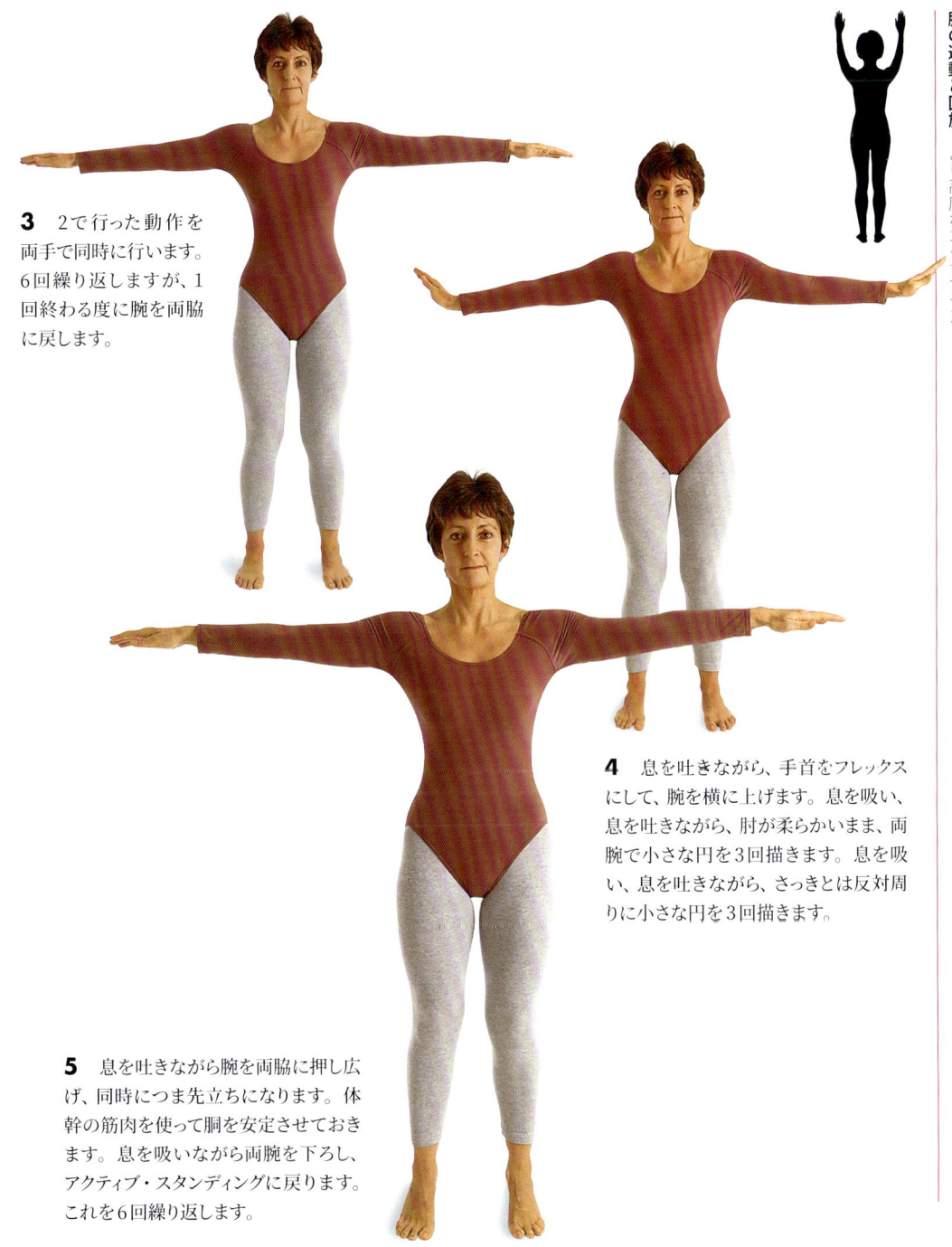

3　2で行った動作を両手で同時に行います。6回繰り返しますが、1回終わる度に腕を両脇に戻します。

4　息を吐きながら、手首をフレックスにして、腕を横に上げます。息を吸い、息を吐きながら、肘が柔らかいまま、両腕で小さな円を3回描きます。息を吸い、息を吐きながら、さっきとは反対周りに小さな円を3回描きます。

5　息を吐きながら腕を両脇に押し広げ、同時につま先立ちになります。体幹の筋肉を使って胴を安定させておきます。息を吸いながら両腕を下ろし、アクティブ・スタンディングに戻ります。これを6回繰り返します。

バランスと筋力

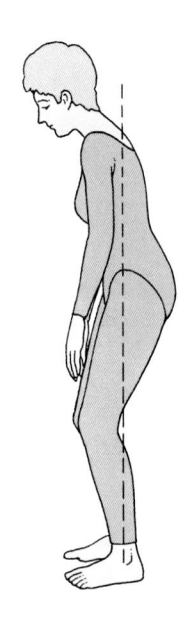

重力の中心

スプリングのエクササイズでは、足首、お尻、肩が
一直線に並んで、体重を均等に分散させることができる、
かすかに前傾した姿勢をとります。

エクササイズを行っていくと、それが一番の目的であるか否かには関わらず、全身のバランスがよくなり、動きもうまくコーディネートできるようになります。無駄のない、洗練された動きができるようになっているはずです。次で紹介するスプリングを基本とした一連のエクササイズを行うと、身体の重力の中心の感覚を培って、日常の動作も安定して行えるようになります。

動きの中での静止

スプリングは、ヨガの伝統とアレクサンダー・テクニックの両方に起源をもつエクササイズです。この姿勢ではお尻、膝、足首に体重が均等にかかっています。やや前かがみで両膝は軽く曲がっている、椅子に座っていて立ち上がるときのような姿勢です。

この姿勢を維持するには、体重の移動に対して敏感に反応するだけでなく、股関節が柔軟で、胴と脚が強くなければなりません。背骨のアライメントを一定に保つには、体幹の筋肉を引き締めておく必要がありますが、両肩先は常にリラックスして下げ、全身がリラックスして、さらにエネルギーが満ちていなくてはなりません。この姿勢には動きはありませんが、全身の筋肉は活発に働いて、いつでも前に「スプリング（飛び出す）」準備ができています。

スプリング

　この姿勢を練習するメリットの一つは、日常的な動作の中でも利用することができるということです。スプリングが、座ってから立つ、あるいは立っていて座る、という動作の中間にある動きだということは、既に述べた通りです。座ったり立ち上がったりするときに、この姿勢をとるように意識的に心がければ、もっと身体に良い動き方ができるようになります。体幹の筋肉を引き締めて、頭から始め、脚の筋肉を活発に動かして、全身の動きをコントロールします。このエクササイズに慣れてくれば、ものを持ち上げたり、身体を曲げたりという動作も、さらにストレスのないものになることでしょう。

　スプリングの姿勢をストレスなく維持するコツをつかんだら、次のページで紹介するさらに高度なエクササイズで、腕の外側と肩甲骨の間の筋肉を引き締めましょう。

スプリング

スプリングを行う前には、壁を支えにして、準備運動を行った方がいいでしょう。準備運動を行えば、脚に体重をバランスよくかけるための、ひざの角度がわかるはずです。ひとたび、感覚的に正しいポジションがつかめれば、身体を支える壁のないところで試し、そのあと上腕三等筋の引き締めと肩の回旋に進んでください。

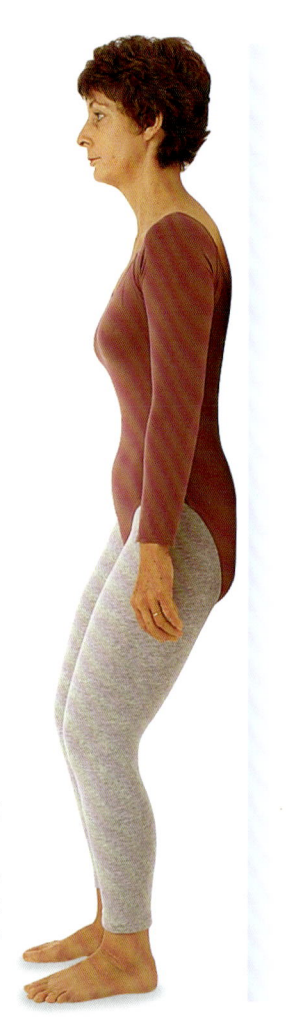

1 両足を腰の幅に広げて、壁から15センチくらい離れたところに立ちます。両膝をわずかに曲げ、壁にそって背中をまっすぐにします。

2 首を伸ばし、背中をまっすぐにして、腰のところで身体を二つに折るように倒します。この時、両腕が一緒に動いてもかまいません。

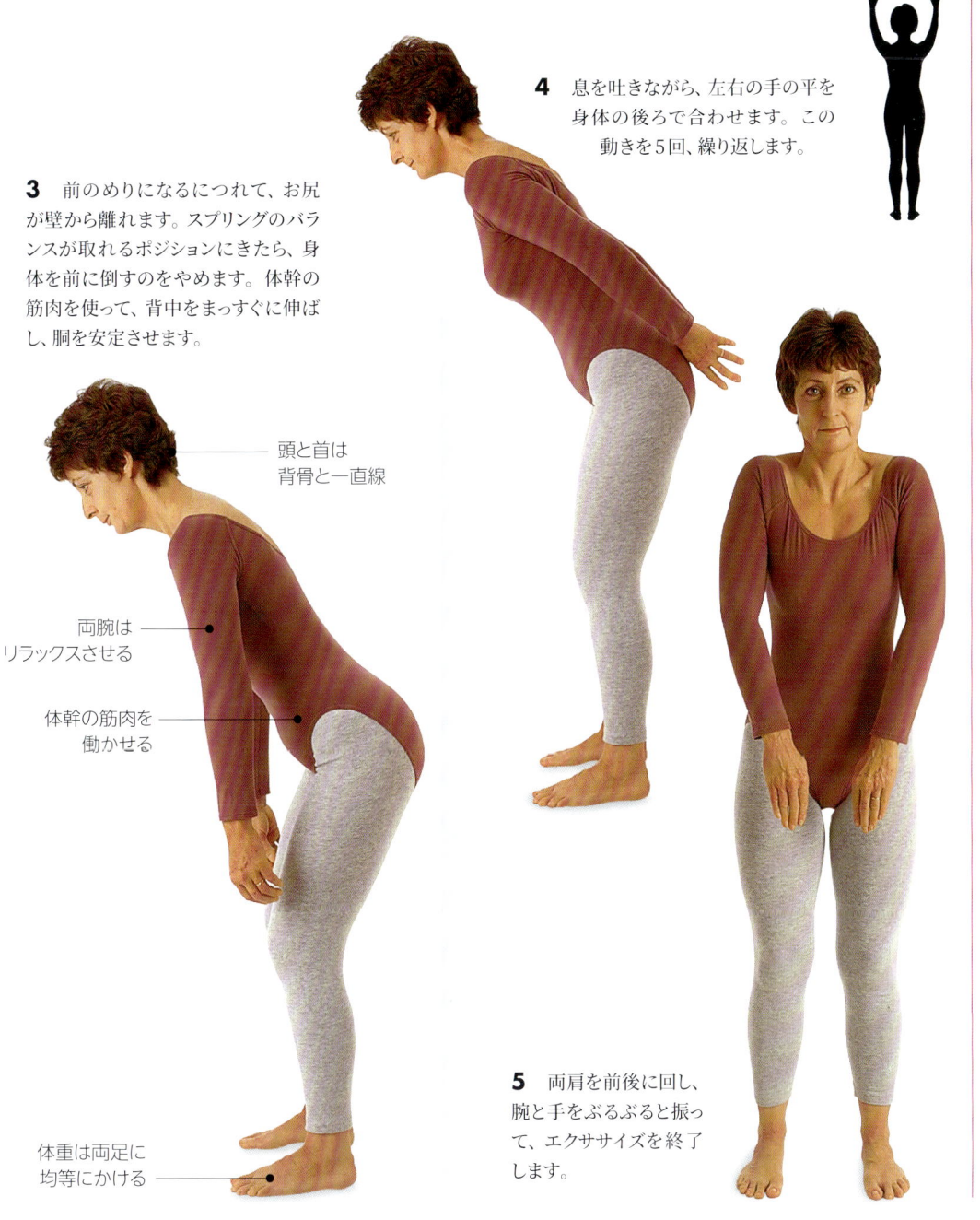

4　息を吐きながら、左右の手の平を身体の後ろで合わせます。この動きを5回、繰り返します。

3　前のめりになるにつれて、お尻が壁から離れます。スプリングのバランスが取れるポジションにきたら、身体を前に倒すのをやめます。体幹の筋肉を使って、背中をまっすぐに伸ばし、胴を安定させます。

頭と首は
背骨と一直線

両腕は
リラックスさせる

体幹の筋肉を
働かせる

体重は両足に
均等にかける

5　両肩を前後に回し、腕と手をぶるぶると振って、エクササイズを終了します。

ストレスのない座り方

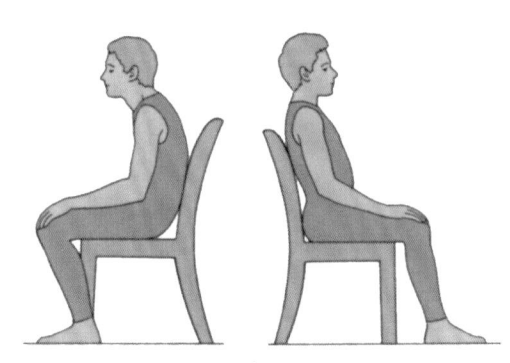

間違い

ここで示す2種類の座った姿勢——
背中が丸まっているときと反り返っているとき——は、
どちらも背骨に同等の緊張を強いてしまいます。

私たちのほとんどが、一日の多くの時間を、机に向かって、あるいはコンピューターの端末機の前に座って過ごします。そのため、正しい姿勢で座ることは極めて重要です。座ることは、背骨にとっては最もストレスの多い姿勢の一つです。背骨のアライメントに注意を払えば、このストレスを軽減することができます。

座った姿勢でストレッチを行う

次のページのストレッチは、すべて座った姿勢で行います。したがって、仕事をしながら一日中いつでも定期的に行うことが

できます。ただし、このエクササイズを始める前には、自分の普段の座り方をチェックして、多少の調整をする必要があります。頭の重みが、必ず背骨から骨盤まで均等にかかるようにするのが目標です。前かがみになって背中が丸くなっていたり、逆に、背中をまっすぐにしすぎて、腰椎のカーブがフラットになっていたりすれば、頭の重みで背骨のあちこちにストレスが生じることになります。背中のトラブルは、長い間、そのような座り方を習慣にしていることで生じる場合がほとんどです。背骨をニュートラル・ポジションにして、体幹の筋肉をしっかり働かせていれば、筋肉を緊張させることもなく、椎間板が磨り減って、椎骨が摩擦を起こすリスクを最小限に抑えることができます。

バランスのとれた座り方

以下にあげるのは、正しく座れているかどうか知るためのチェックリストです。

- 座部のしっかりした背のまっすぐな椅子を選ぶ
- 両ひざが直角になり、両足の裏がしっかりと床についている
- 両ひざは腰の幅に開き、両足首がひざの真下にくるように浅く座る

- 体重が、座骨と両足の真下のバランス・ポイント（P136-137参照）にかかっているのを意識する
- 背骨を上に伸ばし、同時に左右の肩甲骨を引き下げる
- 体幹の筋肉を働かせて、体重をどっしりと椅子に預けない

　座って作業をする時には、できる限りこの姿勢をとるようにしましょう。柔らかく低い椅子に長時間座るのはやめてください。そのような椅子に座ると、楽に感じるかもしれませんが、じわじわと背中にダメージを与える恐れがあります。また、オフィスの椅子はいつも自分の身長に合わせて、高さを調整するようにしましょう。椅子の高さがあっていないと、背中に余計にストレスがかかり、筋などを傷める恐れがあります。

座って行うわき腹のストレッチ

ここに示したわき腹のストレッチは、身体の両脇にある深層部の筋肉を引き締めます。胴全体を鍛えるとともに、しなやかにします。わき腹のストレッチを効果的に行うための重要な要素の一つは、体幹の筋肉を使って、身体を曲げたりや回旋するだけではなく、身体を持ち上げたり、伸ばしたりする感覚を維持することです。わき腹を効果的にストレッチできれば、身体を動かしている間も、背骨をしっかりと支えて、椎間板がつぶれて椎骨同士の摩擦が起きるリスクを防ぐことができます。また、もう一つ大事なのは、骨盤を安定させて、ストレッチした方向に身体がひっぱられないようにすることです。座った姿勢でストレッチを行えば、腰はそんなに動きませんが、それでも下腹部の筋肉を使って、体幹をまっすぐに維持することが必要です。

わき腹のストレッチ

1 両ひざを腰の幅に広げ、座面が硬い椅子に浅く座ります。左右の肩甲骨を下に引き下ろし、体幹の筋肉を働かせて背骨を長く伸ばします。両手を後頭部に添えます。

2 息を吐きながら、左右どちらかに身体を曲げます。体幹の筋肉を働かせて、動きをコントロールしましょう。息を吸いながらセンターに戻ります。反対側でも同じ動きを行います。これを6回、繰り返します。

座って行う回旋

1 動作を開始するポジションは、わき腹のストレッチと同じです。

頭と首は
動きに
ついて行く

両肘をひろげて、
肩と同じ
高さにする

体幹の筋肉で動きを
コントロールする

2 息を吐きながら、体幹の筋肉を働かせて身体を片方の側にひねります。骨盤はまったく動かさず、正面を向いたままにしておきます。息を吸いながらセンターに戻ります。反対側で同じ動作を行います。これを6回、繰り返します。

195

腿の内側と外側を働かせる

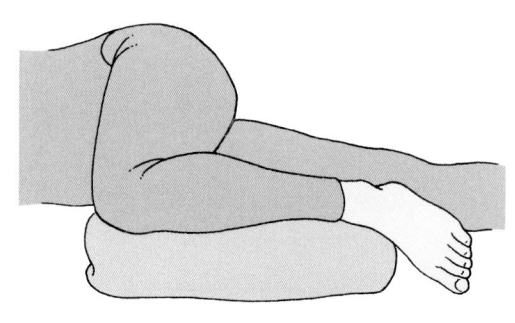

クッションの支え

内腿のリフトを行う時には、
骨盤のアライメントを崩さないように、
クッションを使ってひざから上を支えます。

日常生活の中には、太腿の内側と外側、そしてお尻の筋肉を効果的に鍛えて、引き締めることのできるような動作はほとんどありません。にもかかわらず、太腿と骨盤のアライメントを正しい位置に保つ上で、それらの筋肉はとても重要です。また、これらの筋肉が鍛えられていると、脚が無駄な動きをすることがなくなります。

このグループに属するエクササイズをうまく行うためには、横から見た背骨のアライメントを整えることが絶対の条件です。はじめのうちは、壁を背にして、エクササイズを行い、仙骨と背中を一直線にして、正しい姿勢ができているかどうかを確認す

るとよいでしょう。この姿勢が正しくできるようになったら、一連のエクササイズを行っている間も、体幹の筋肉を強く引き締めて、姿勢を維持するようにしましょう。このエクササイズにはコントロール力が必要なため、高度なエクササイズに分類されます。このエクササイズを効果的に行うためには、しっかりと胴を安定させておくことが必要です。

腰から太腿へ

最初に行う外腿のエクササイズは、腰からひざまでの太腿の外側に沿って走る筋肉を鍛えるだけではなく、ウエスト、お尻、そして股関節をコントロールする深層部の筋肉を鍛え、引き締めてくれます。エクササイズをはじめてごく早い時期に、あなたはこれらの筋肉がすべて働いているのに気づくでしょう。しかし、がんばりすぎて、反対に緊張しないようにしてください。つぎに紹介する、身体に対する意識についてのポイントを心に留めておいてください。

● 首から、動かしている方の脚のかかとまでが、すっきりと伸びている意識を維持しましょう。

- ウエストから動かすつもりで筋肉を使う
  ようにしましょう。そして、ウエストを"長
  く"して、脚を動かしても骨盤はしっかり
  と安定させておくようにしましょう。

内腿の筋肉を使う

　次に紹介するエクササイズでは、特に内
腿の内転筋を使います。しかしながら、こ
のエクササイズにおいても、体幹の筋肉を
使って動きを支えることが必要です。動き
が支えられていれば、内転筋を使うことに
意識と力を注ぐことができるからです。横
たわってはいても、くつろいでいるわけでは
ないことを心に留めておいてください。腰
が前方に倒れやすいため、初心者の中に
は、このエクササイズを行いながら、安定し
た姿勢を維持することが難しいと感じる人
もいます。この難しさを少しでも軽減する
には、エクササイズを行う時に、太腿の部
分を支えるために、硬い枕やたたんだタオ
ルを使うのもいいかもしれません。

太腿の両側を鍛える運動

このエクササイズを始める前に、少し時間を割いて、横から見たときのアライメントをチェックしましょう。プログラムのこの部分を初めて行う人は、壁を背にして立ち、正しいアライメントで立つことを練習するのがいいでしょう。このエクササイズに慣れてきたら、壁を支えにしなくても正しい姿勢をとることができるはずです。床に無理のない姿勢で横向きに横たわり、必要なら、薄めのパッドか何かを腰の下に一枚敷いて、支えにします。6回、動きを繰り返したところで、向きを変えて、反対側で同じ動きをします。

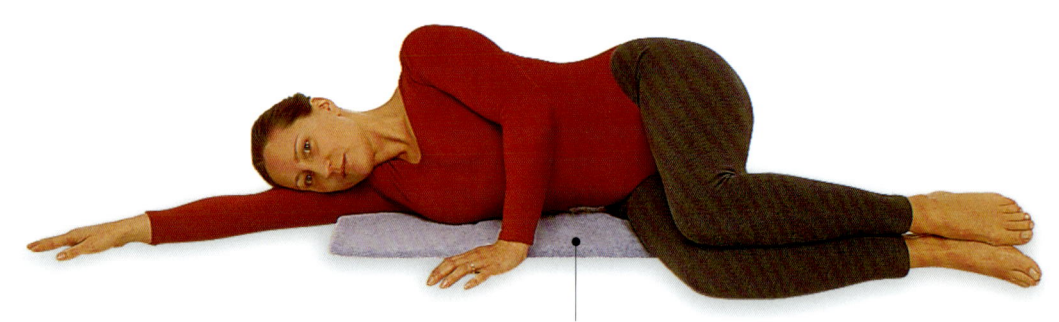

最初の姿勢

横向きに寝ます。身体の真下にある腕を伸ばし、反対側の手を胸の前に置いて、身体が前方に倒れないように支えます。両ひざを直角に曲げ、上の足が下の足にぴったりと重なっていることを確かめましょう。両ひざ、臀部、両肩も同じように重ねあわせられていなければなりません。もっと支えが必要なら、マットを使ってください。

さらに支えが
必要な場合にはマットを

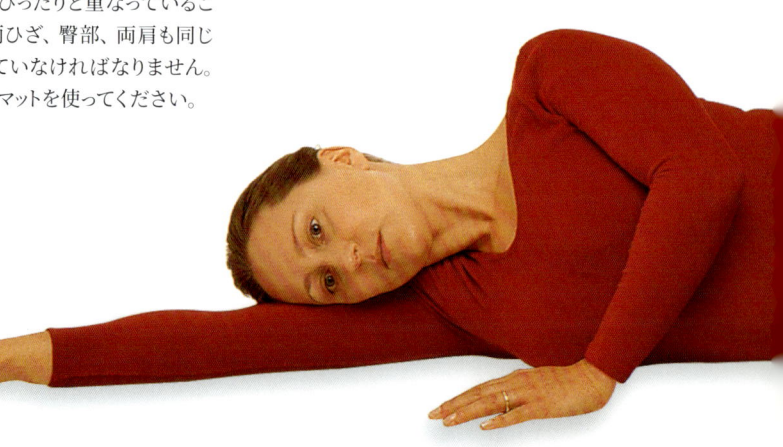

外腿のリフト

1　上になっている脚を
まっすぐに伸ばして、床から
少し上の位置で保ちます。
足をフレックスにして、つま
先を床の方に向け、息を吸
います。

2　息を吐きながら、上の脚をさ
らにもう少し上げます。身体は安
定させたままです。息を吸いな
がら、上げた足を下げます。

内腿のリフト

1　下になっている脚を伸ばし、上になっている脚を直角
に曲げます。お尻が前に倒れるのを防ぐため、厚みのあ
るクッションで上になっているひざを支えます。

2　息を吸います。息を吐きながら体幹の筋肉を引き締
めて、下になっている脚を5.8センチ程度持ち上げます。息
を吐きながら上げた脚を下ろします。この時、胴と骨盤は
安定させたままにしておきましょう。

胸の緊張をほぐす

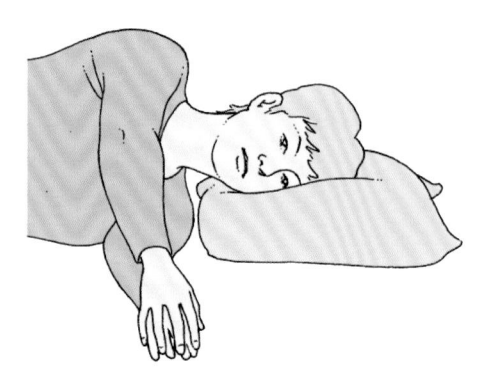

首と頭を支える
胸を広げる運動では、頭と首を背骨から
一直線に伸ばしておくことが必要です。
硬めのクッションを頭の下に置くと
やりやすくなります。

恐怖にさらされたときには、私たちは本能的に、胸とお腹の筋肉を縮めます。これは、攻撃された場合に、生命の維持に関わる臓器を守るための本能的な反応です。現代の都市生活においてさえ、私たちは日常生活でこの本能を発揮することがあります。忙しい毎日の仕事につきものの、ストレスや心配事を抱えたり、背中を丸くしてデスクに座ったり、車の中に何時間も窮屈な姿勢で座っていると、知らず知らずのうちに、私たちの筋肉は緊張し、胸を締めつけています。呼吸も浅くなり、肩や胸の筋肉が張ります。呼吸が浅くて酸素を十分に取り込むことができないと、身体はさらに緊張し、疲労感といらだちがつのります。このような反応は、しばしば私たちがまったく気づかないうちに起こっています。次のページで紹介する胸を広げる運動のように、ゆるやかなストレッチを行って、意識的に緊張をほぐすことによってはじめて、自分の身体がストレスよって肉体的なダメージを受けていたことを実感することでしょう。

筋肉の緊張を和らげる

胸を広げる運動を行うと、セッションで使った筋肉をリラックスさせ、こりを防ぐことができます。また、身体の中に新たなエネルギーが沸き、心が穏やかになります。

このエクササイズをゆったりと行うと、身体がほぐれていく感じを味わうことができます。安定した呼吸を行い、肩をリラックスさせることで、胸の筋肉がゆっくりと伸びていく様子をイメージするようにしましょう。

ゆるやかな上達

すべてのピラーティス・エクササイズと同様に、このエクササイズにおいても、大事なのは、最後の姿勢ではなく、エクササ

イズに対するアプローチの仕方です。つまり、最初の姿勢を正しくすることと、骨盤とひざのアライメントを維持しておくことに神経を集中すべきです。持ち上げた腕が床につくのが目標ですが、最初は無理をしなくてもかまいません。完璧に目標どおりにできなくても、正確に行いさえすれば、それなりに最大限の効果を上げることができます。2、3週間で背骨と肩の動きが良くなり、よりレベルの高いストレッチができるようになっているのがわかるでしょう。

胸を広げる運動

このエクササイズは、始める前に、頭と首と背骨が一直線になるよう、注意深くアライメントを正しておく必要があります。ひざ、そして股関節をそれぞれ直角に曲げます。両腕も、胴に対して直角になるように前に伸ばします。エクササイズを行っている間中、骨盤と両脚が完全に安定したままであることを目標にしてください。動きはすべて、上半身に集中させなければなりません。

1 頭をクッションの上に乗せ、両ひざ、足の付け根を直角にして、横向きに寝ます。左右の腰がまっすぐになり、ひざも足も、きっちりと合わさっていることを確認してください。両腕は、指を揃えて、前方に伸ばします。

両ひざは揃える

両ひじは
柔らかくする

骨盤は
安定させる

頭と目で動きを追う

2　息を吸い、体幹の筋肉を働かせて骨盤を安定させます。上になっている腕を、身体の上方で弧を描くようにゆっくりと持ち上げます。頭も一緒に手の方向へ動かして、指先を見ます。腕はリラックスさせたままで、ひじも柔らかくしておきます。

3　持ち上げた腕は、気持ちの良い範囲内でできる限り床から遠く離しておきます。腰や両ひざがアライメントからずれていると感じたら、限界です。息を吐きながら最初の姿勢に戻りましょう。この動きを5回、繰り返します。

まとめ

記録をつける
トレーニングを行って、改善できた点や、
難しかった点、克服できた欠点などを
書きとめておきましょう。

ピラーティスのセッションの後には、ワークアウトの間に身体の中に湧き出たエネルギーを失わないように、上手にクールダウンしなくてはなりません。したがって、さまざまなエクササイズを行い、身体の各部にもたらされた効果を統合して、バランスよく身体にフィードバックする必要があります。また最後に行うエクササイズが、ワークアウト後の気分に大きな影響を及ぼします。もし最後のエクササイズが、マスターするのが難しい、複雑なエクササイズだったとしたら、心の中に挫折感や不満を残してしまいかねません。くれぐれも最後のエクササイズには、身体にも

なじみやすく、ポジティブな感情をもたらしてくれるような、無理のないエクササイズを選んでください。あなたが目指すのは、エクササイズが終わる前に全身がリラックスしていることであり、それこそがセッション最後のエクササイズの重要な役割なのです。

最後のストレッチ

次のページの全身のストレッチはセッションの最後を飾るにふさわしいエクササイズです。頭からつま先まで、全身をリラックスさせることができます。これまで行ってきたどのストレッチでも、引き締めの効果を実感されていることと思いますが、このエクササイズもなんら変わるところはありません。しかしストレッチが終わったときには、努力は常に、解放感やリラックスした感覚とバランスのとれたものでなくてはなりません。最後にどのエクササイズを選ぶかについては、いくつかの選択肢があります。202ページで紹介しているチェスト・オープニングや130ページのロール・ダウンも最適です。どのエクササイズを選ぶとしても、大事なのは、ゆっくりと注意深く行うことです。

最後のストレッチを数回繰り返すとき

に、ゆっくりと時間をかけて身体をリラックスさせ、心と身体に徐々に、日常生活に戻る準備をさせましょう。

セルフ・チェック

　セッションが終わったら、何回エクササイズを繰り返したかとか、エクササイズがどんなに簡単、あるいはむずかしかったとか、何か特に問題があったかどうかといった、細かなことはすぐに忘れてしまいます。セッションを行うたびに、自分の進歩の度合いを日記につけるようにしましょう。書きとめておいた情報は、今後のエクササイズ・プログラムを立てる上で、とても役に立ちます。また、どのエクササイズを練習しなくてはならないか、自分にとって、どこが問題なのかを正確に知る助けになります。もしインストラクターの指導の下で、セッションを行っているなら、この日誌をもとに、次のレッスンでインストラクターと話し合い、貴重なフィードバックをすることができます。

全身のストレッチ

このエクササイズは、セッションの最後のクールダウンの際に行います。また、身体や心の緊張を取り除きたいと思うときにいつでも――例えば、仕事から家に戻ったとき、疲れる仕事の後など――に行えば、すぐに緊張緩和やエネルギー補給の効果をもたらしてくれます。ストレッチにエネルギーを注げば注ぐほど、ストレッチ後に感じるリラクゼーション効果は大きくなることを覚えておきましょう。全身のストレッチを始める前には、まずあおむけの姿勢でアライメントをチェックしましょう（P48-49を参照）。エクササイズを終えて、立ち上がるときの動作にも十分に注意を払わなくてはなりません。いきなり身体を動かすと、せっかくの穏やかな気分が台無しになりますし、目眩を起こすこともあるからです。

脚をニュートラル・ポジションで、まっすぐに伸ばし、あおむけで横たわります。腕を頭の上に上げます。息を吐きながら、足のつま先から手の指先までを一直線に伸ばします。肩は遠くへ引き下ろして、リラックスさせます。この動きを5回繰り返してから、全身の力を抜きます（次ページ"リラクゼーション"を参考に）。

手と指は伸ばす

肩は下ろしておく

ウエストは伸びやかに

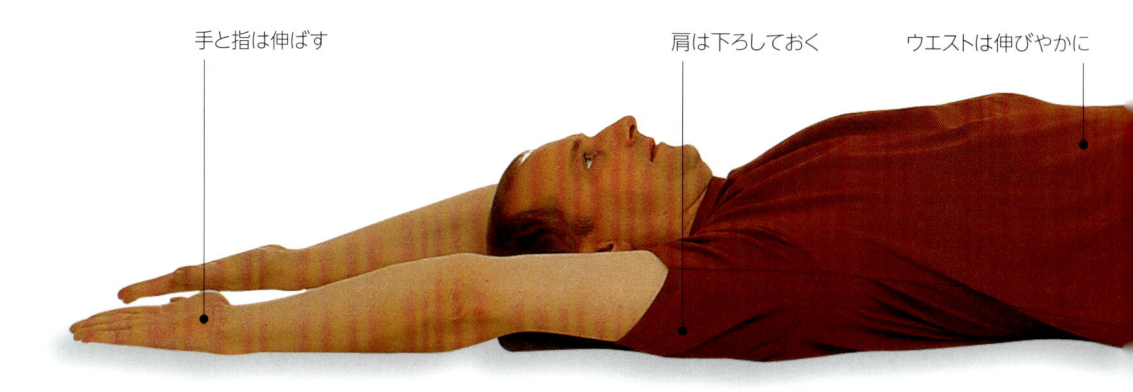

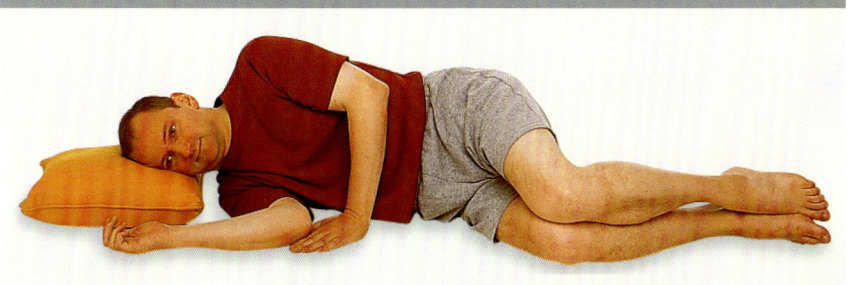

リラクゼーション

全身のストレッチを行った後は、起き上がる前に、数分間、そのままの姿勢で身体をリラックスさせます。あおむけでも、横向きでも、かまいません。自分が気持ちのいいスタイルで横たわります。緊張を生じないように、必要に応じてクッションを使ってもかまいません。呼吸と、そして身体が床に向かって心地よく沈み込んでいく感覚に意識を集中させます。

膝を伸ばす、
ただし柔らかいままです

つま先はリラックスしたまま、
足をポワントにします

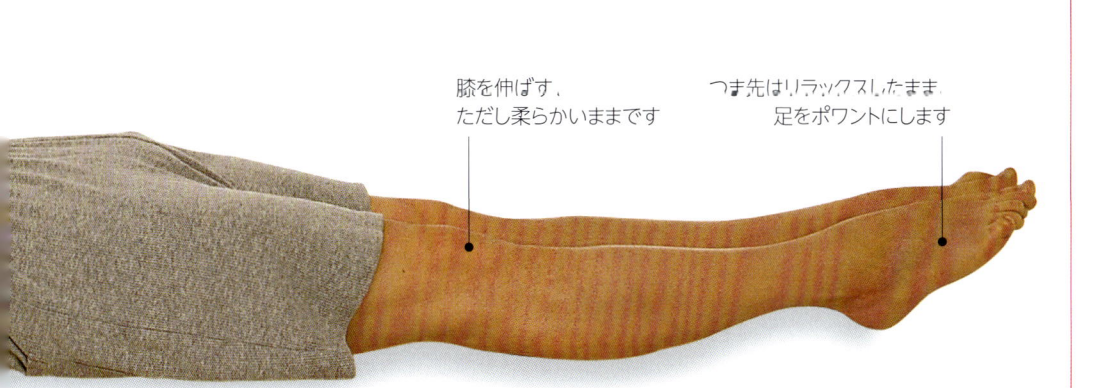

ウエイトを使ったエクササイズ

ウエイトを選ぶ

ウエイトはスポーツ店で購入することができます。
お米や砂糖が入った袋のような手近なもので
間に合わせてもかまいません。

　手に持ったり、手首や足首に巻きつけたりと形はいろいろですが、ウエイトを使用することで、エクササイズの負荷を高めることができます。ウエイトの重みに逆らって、筋肉がよりハードに動くため、その結果として、ウエイトを使わなかった場合より、筋肉が鍛えられます。一般的にも、重いウエイトを持ち上げることと、筋肉が太くなることの間には、相関関係があるとされています。しかしながら、ピラーティス・エクササイズでウエイトを使う目的は、筋肉を太くすることではありません。ピラーティスでは比較的軽めのウエイトを使用し、しかもエクササイズのバランスに細心の注意を払ってデザインされているため、エクササイズを行っても、筋肉が太くなることはほとんどありません。

強い筋肉、強い骨

　ここ2、30年の間に行われた骨密度が低下する骨粗しょう症の原因についての研究では、成人後、ウエイトを使ったエクササイズをしているか否かが、その人の骨密度に大いに関係していることが指摘されています。定期的にエクササイズを行っている人は、行わない人より、明らかに骨粗しょう症になるリスクが少なくなります。この研究結果は、とくに女性にとって大きな意味を持ちます。同年代の男性にくらべて、閉経後の女性は骨量が極端に低下します。ピラーティスのエクササイズはどれも、骨密度の維持を助けるものですが、とくにウエイトを加えることによって、さらにその効果を高めることができます。

ウエイトを加えたとき

　必ずエクササイズにウエイトを使わなくてはならないと思う必要はありません。自分の身体の重みを使って、効果的にエクササイズすることもできますし、定期的なエクササイズを行えば、必ず進歩することができます。もしウエイトを使ってみようと思うなら、いくつか注意しなくてはならない点があります。どのエクササイズを行うにしても、基本的なテクニックをマスターして、

十分な筋力を養ってからでなければ、よい効果を上げることはできません。まずはエクササイズを指定された回数だけ、完璧に筋肉をコントロールしながら（骨盤をニュートラルな状態で安定させ、肋骨を引き下げ、肩甲骨を背中に収めて、すべての体幹の筋肉を引き締める）行うことができるのを確認してから、ウエイトを使うようにしましょう。インストラクターと一緒にレッスンをしているなら、ウエイトを使い始めるのに適切な時期について、インストラクターにアドバイスを求めてください。

どのウエイトを使うか

まずは一番軽いウエイトから始めましょう。はじめてウエイトを使ってエクササイズする時には、缶詰や米や砂糖の入った袋（250gから500gくらい）で試してみましょう。それでうまくいくようなら、徐々にウエイトを重くしていきます。ウエイトを買うなら、最初の数ヶ月は1kg以内の重さのダンベルか足首に巻きつける形のウエイト（その両方を使ってもよい）を選ぶようにしましょう。

ウエイトを使ったエクササイズ

左右それぞれの手にウエイトを持ってエクササイズを行うと、すべての腕を使ったエクササイズの負荷を増やすことができます。どのエクササイズを行うかにもよりますが、ウエイトによって腕、肩、胸、背中の筋肉を引きしめて、鍛えることができます。足首にウエイトをつけた場合には、すべての脚を使うエクササイズの負荷を高めることができ、脚、腰、お尻、下腹部の筋肉をさらに強くすることができます。

肩の運動——
腕を一緒に動かす

腕の運動

肩の運動——
腕を交互に動かす

外腿を鍛える運動

内腿を鍛える運動

インテグレーション

は、生涯にわたるプロジェクトです。エクササイズを始めたばかりの頃には、学習曲線は急カーブを描いて上昇しますが、ピラーティスの原則を身につけていくにつれて、その度合いは緩やかなものとなります。しかしながら、上達するにつれて、あなたはエクササイズに対する理解度や身体能力において、自分が確実にレベルアップしていることを実感するはずです。

インテグレーション（統合感）って何？

ピラーティスでしばしばいわれるインテグレーションとは、普通、全身の筋肉がバランスよく発達した状態を指します。あるグループの筋肉群だけを鍛えると、それ以外の鍛えられなかった筋肉の機能を阻害してしまうことになります。インテグレーションは、長年にわたるバランスのとれたエクササイズを行うことによってのみ、達成できるものです。強い意志と熱意をもって、楽しく簡単なエクササイズとともに、難しく、疲れるエクササイズもバランスよくとりいれたプログラムをこなしていかなくてはなりません。

全身
身体の各部分をばらばらに動かすのではなく、
全身の一体感を養うことをめざしましょう。

本書はピラーティス初心者のために書かれたものです。本書を最初から最後まですべて読んでも、ここに書かれている情報や指示を理解し、すべてのエクササイズを飽きるほど行ってしまっても、ピラーティスを行っていく上では、ほんのスタートラインに立ったにすぎません。以前の悪い習慣から脱却し、自分の身体を再教育して、より健康的な動きを身につけるためにたゆみない努力をすること

続いた動き

　インテグレーションという概念は、ピラーティスのエクササイズを行っていくやり方にもあてはめて考えることができます。初心者の頃は、だれしも全神経を集中させ、一所懸命に、エクササイズを一つ一つこなします。というより、そうでなければ、ピラーティスを学ぶことはできません。

　しかしながら、一旦基本のエクササイズを一通りこなして、すべてを滑らかに行うことができるようになると、次はそれぞれの動きをダンスのように次から次へ流れるように続けてみたいと考えるかもしれません。これは、なめらかさとコーディネーションを必要不可欠とするピラーティスの原則をさらに追求し、自分で動きの組み合わせを考えることで、エクササイズに創造的な要素を盛り込むことを可能にします。

　このような考え方で行うと、毎日のエクササイズが、今まで考えていたような退屈で単調な骨折り仕事とはまったく違った、自己表現と肉体表現の融合のための時間になり、毎日のセッションが楽しみになるはずです。次のページで紹介した一連の動きは、基本のエクササイズをどのように組み合わせていくか、その例を示したものです。

213

踊るようにピラーティスを

このページで紹介する、一連のエクササイズは、一つ一つのエクササイズを、どのようにしてダンスのような滑らかな動きでつなげていくか、その例を紹介したものです。想像力を使って、いくつかのエクササイズを組み合わせ、上手く踊れる自分ならではのダンスを作り出してください。注意したいのは、エクササイズからエクササイズへと、無駄な動きをせず、スムーズにつなげることです。動きがコントロールされ、正確なものである限り、原則を踏み外すことはありません。

6

7

8

9

10

11

12

用語解説

あおむけ
背中を下にして横たわった状態。

うつぶせ
お腹を下にして横たわった状態。

横腹筋
胴をくるむように走っている筋肉、腹腔内の臓器を支えている。

おへそを背骨に
息を吐きながらおへそを背骨にひきつけるようにする動作。おなかが凹んで、ちょうどスプーンのような形になる。この動きを行うと、背骨を支え、体幹の筋肉が一生に動いている腹部の深層部の筋肉を引き締めることができ、体幹の筋肉を動かして、強く引き締まったウエストを手に入れることができる。

胸式呼吸
息を吸うときにお腹を膨らませるのではなく、肋骨の脇から空気を吸うイメージのピラーティス・エクササイズの基本の呼吸。息を吐くときに、胸郭が縮まり、エクササイズを行っている間、効果的に体幹の筋肉を引き締めておくことができる。

筋肉のガードル
体幹の筋肉を支える筋肉の総称。

広背筋
肩甲骨から骨盤の上部にかけて走る筋肉。肩甲骨を安定させ、姿勢を保つ手助けをする。

腰の幅
股関節の幅。ピラーティスのエクササイズでは、この幅に足を開いて、常に腰とひざと足首が並行に並んだ状態が基本のポジション。

骨盤
下腹部の臓器を保護している。背骨の下部に接合し、股関節の動きの基点となる。

骨盤底
恥骨から仙骨にかけて広がるハンモック状の筋肉。骨盤の筋肉を支える上で欠かせない筋肉であり、姿勢やアライメントにも大きく関わる。

コントロロジー
ジョーゼフ・ピラーティスが命名した独自のボディーコンディショニング・システム。

斜筋
身体の脇を斜めに伸ばす筋肉。身体の前面で腹筋とつながっている。身体をひねるときの動きをコントロールする重要な体幹の筋肉。

柔軟にする
関節の可動域を回復させること。ピラーティスの目的は、お尻や肩や椎間板の関節を緊張させずに自由に動かせるようになることです。

身体の意識
いろいろな部分の動きが身体にもたらす影響に対する敏感さ。姿勢やアライメントに対する意識や、どんな動きをしたときに、どの筋肉が動いているかなどに対する意識も含みます。

スプーンのように
おへそを背骨にひきつけ、お腹をへこませたときの状態。

仙骨
背骨の一番下にある大きくて平らな骨。骨盤の後ろと接合している。

体幹の筋肉
身体の中心部の筋肉を表すのに使われます。腹筋や、骨盤底の筋肉、広背筋、殿筋を含む。

大腿四頭筋
太腿の前面にある大きな筋肉。この部分が収縮すると、太腿が持ち上がり、ひざの関節が伸びる。

殿筋、大殿筋
お尻の大きな筋肉、仙骨と大腿骨の上部に接合している。

ニュートラルな骨盤、ニュートラルな背骨
骨盤の位置が背骨の自然な曲線を作り出している状態。骨盤の上部が前に傾いていると、腰椎曲線が強調され、後ろに傾いていると、腰椎曲線

が平らになる。ピラーティスのエクササイズでは、ほとんどの場合、骨盤と背骨はニュートラルの位置になくてはならない。

ハムストリング
太腿の後ろに位置する筋肉。ひざを曲げると、収縮する。

パワーハウス
ジョーゼフ・ピラーティスが名づけた筋肉のガードルの別名。

引き締め
筋肉を引き締めるということは、動作の間中、肉が働いて収縮している状態。ピラーティスを基本としたエクササイズでは、動作を行うときに緊張させずに筋肉を引き締めるテクニックを体得することができる。

腹直筋
お腹の前面を垂直に走っている筋肉。この部分を収縮させると、体幹が伸びて、身体を前に倒すことができる。

腹筋
胸郭から恥骨にかけての部分を取り巻き、支えている筋肉。筋肉のガードルの基底部に位置して、胴の動きをコントロールする。

僧帽筋
首から両肩の肩甲骨に向かって伸びているひし形の筋肉。ストレスがかかると、縮こまって、硬くなる傾向がある。それによって肩の位置がゆがみ、頭痛や姿勢のトラブルを招く。

腰椎曲線
ウエスト周辺の背骨の自然な曲線。

217

国内の関連情報

スタジオ

全国展開しているスタジオもありますので、各ホームーページをご確認ください。

zen place

大人のピラティス・ヨガ専門スタジオ
〒153-0042
東京都目黒区青葉台2丁目20-14
青和ビル3階
https://www.zenplace.co.jp/

TAKT EIGHT

自分でできる「身体メンテ」を提案するスタジオ
〒192-0081
東京都八王子市横山町2-7
石川ビル4階
http://takt8.com/

the SILK

〒150-0012
東京都渋谷区広尾5丁目19-4SR
広尾ビル3階
https://the-silk.co.jp/tokyo/

CLUB PILATES

〒150-0013
東京都渋谷区恵比寿4丁目20-4
ガーデンプレイス グラススクエア棟1F
https://clubpilates.co.jp/

pilates K

〒150-0043
東京都渋谷区道玄坂2丁目16-8
ビジネスVIP 渋谷道玄坂坂本ビル 1F
https://pilates-k.jp/

BDC PILATES

〒107-0062
東京都港区南青山5-7-17 青山小原ビル (小原流会館) 8F
https://bdcpilates.com/

フィットネス音楽・グッズ販売サイト

BRAVO MUSIC

https://bravomusic.jp/

海外の関連情報

The Australian Pilates Method Association

www.australianpilates.asn.au
A nonprfofit organization aimed at promoting and teaching the benefits of the Pilates method to a diverse range of the population.

Balanced Body

www.pilates.com
A general information website.

The Body Control Pilates Association

www.bodycontrolpilates.com
Home to the UK's largest Pilates facility, based in London, with studios offering matwork classes and training.

Moretti Studio

www.pilates-montreal.com
Information on the Montreal studio directed and instructed by Daniela Moretti.

The Pilates Center

www.thepilatescenter.com
Colorado-based studio offering private lessons, group classes, and a teacher training program.

Pilates Method Alliance

www.pilatesmethodalliance.org
Home of the professional association and certifying agency for Pilates teachers.

The Pilates Foundation

www.pilatesfoundation.com
The UK's first Pilates Teachers' Association, providing information on Pilates classes and teachers in your area.

The Pilates Studio

www.pilates-studio.com
Information on the New York Pilates Studio Teacher Certification Program.

The Pilates Studio® of Los Angeles

www.pilatesthcrapy.com
Information on the Los Angeles Pilates and Physical Therapy Fitness Center, offering therapy, exercise, and pilates teacher certification.

Pilatesstyle

www.pilatesstyle.com
A magazine with useful information on Pilates exercises and studios.

索引

著者：

サリー・サール (Sally Searle)

ピラーティスのインストラクター。15年以上も多くの人々の指導とケアにあたってきた実績を持つ。

キャシー・ミューズ (Cathy Meeus)

30年以上にわたり、多くの健康関連のベストセラーを執筆してきた。ここ数年は、補完療法の分野で多くの本を執筆している。

翻訳者：

豊倉 省子 (とよくら しょうこ)

神戸女学院大学文学部卒業。訳書に『強くしなやかな身体をつくる本』『暮らしの中のピラーティス』（ガイアブックス）など。

QRコードよりアクセスし、
ぜひ**「あなたの声」**をお聞かせください。
ご登録いただくと、イベントなど最新情報をいち早くお届けいたします。
https://www.gaiajapan.co.jp/news/info/7071/

SECRETS OF PILATES
実践 ピラーティス

※本書は、『ナチュラルヘルスシリーズ 実践ピラーティス』の新装改訂版です。

発　　　　行　2024年11月1日
発　行　者　吉田　初音
発　行　所　株式会社 **ガイアブックス**
　　　　　　〒107-0052 東京都港区赤坂1-1-16 細川ビル2F
　　　　　　TEL.03（3585）2214　FAX.03（3585）1090
　　　　　　https://www.gaiajapan.co.jp

Copyright GAIABOOKS INC. JAPAN2024
ISBN978-4-86654-085-6 C2077

ミックス
紙 | 責任ある森林
管理を支えています
FSC® C008047

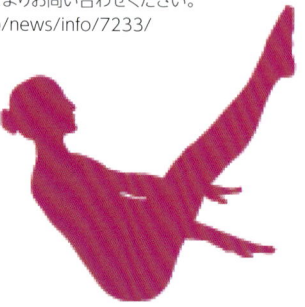